루이와 젤리

Louis et Zélie Martin, saints de l'ordinaire
by Hélène Mongin
© 2017, Éditions de l'Emmanuel ; 89, Bd Auguste Blanqui — 75013 Paris (France) ;

루이와 젤리

2020년 8월 19일 교회 인가
2020년 11월 1일 초판 1쇄 펴냄

지은이 · 엘렌 몽쟁
옮긴이 · 조연희
펴낸이 · 염수정
펴낸곳 · 가톨릭출판사
편집 겸 인쇄인 · 김대영
디자인 · 정진아

본사 · 서울특별시 중구 중림로 27
등록 · 1958. 1. 16. 제2-314호
전자우편 · edit@catholicbook.kr
전화 · 1544-1886(대표 번호)
지로번호 · 3000997

ISBN 978-89-321-1746-1 03230

값 14,000원

성경 · 교회 문헌 ⓒ 한국천주교중앙협의회, 2020

가톨릭의 모든 도서와 성물을 **'가톨릭출판사 인터넷쇼핑몰'** 에서 만나 보실 수 있습니다.
http://www.catholicbook.kr | (02)6365-1888(구입 문의)

이 책의 한국어판 저작권은 (재)천주교서울대교구 가톨릭출판사에 있습니다.
저작권법에 의해 한국 내에서 보호를 받는 저작물이므로 무단 전재와 무단 복제를 금합니다.

이 도서의 국립중앙도서관 출판예정도서목록(CIP)은 서지정보유통지원시스템 홈페이지(http://seoji.nl.go.kr)와
국가자료종합목록 구축시스템(http://kolis-net.nl.go.kr)에서 이용하실 수 있습니다. (CIP제어번호 : CIP2020040954)

평범함의 성인, 아기 예수의 데레사 성녀의 부모님

Louis and Zélie Martin

루이와 젤리

엘렌 몽쟁 지음
조연희 옮김

가톨릭출판사

일러두기
- 이 책에 실린 사진들은 리지외 중앙 사무소Office Central de Lisieux, 아기 예수의 데레사 성녀 순례지Pèlerinage Sainte Thérèse, 리지외 가르멜회carmel de Lisieux에서 출간을 흔쾌히 허락해 준 것입니다.

장 폴과 모리나

스테판과 쥘리

파트릭과 조세핀

그리고 내일의 마르탱 가족들에게

하느님께서 선택하신 사람들도 있지만, 군중 속에 남겨 두시어 세상 안에서 머물도록 하신 사람들도 있습니다.

이들은 지극히 평범합니다. 평범한 집에 살며, 평범한 옷을 입습니다. 일을 하고, 가정을 꾸리거나 독신으로 삽니다. 병에 걸리기도 하며, 사랑하는 사람들의 죽음을 경험하기도 합니다. 거리에서 흔히 마주칠 법한 사람들이지요.

우리는 거리의 사람들입니다. 또한 하느님께서 마련해 주신 이 여정이 우리를 위한 성덕의 장소임을 굳게 믿습니다.

무엇을 하는지는 중요하지 않습니다. 빗자루를 잡든, 펜을 잡든. 말을 하든, 침묵하든. 옷을 수선하든, 강연을 하든. 환자를 치료하든, 자판을 치든 말이지요.

  이 모든 것은 현실의 빛나는 껍데기일 뿐입니다. 영혼은 매 순간마다 하느님과 새로이 만나며, 그 만남은 매 순간마다 은총 속에서 풍성해집니다. 이 만남이 하느님께는 언제나 더 아름답게 다가올 것입니다.

  초인종이 울렸나요? 얼른 문을 열어 주러 가 봅시다. 우리를 사랑하기 위해 하느님께서 오셨답니다. 궁금한 게 있나요? …… 여기 그 답이 있습니다……. 우리를 사랑하기 위해 하느님께서 오셨답니다. 식탁에 앉아 식사할 시간인가요? 자, 갑시다. 우리를 사랑하기 위해 하느님께서 오셨답니다.

  하느님께서 우리를 사랑하게 해 드립시다.

— 가경자 마들렌 델브렐

《우리는 거리의 사람들 Nous autres, gens des rues》 중에서

추천의 말

2008년 10월 19일, 아기 예수의 데레사 성녀의 부모인 루이 마르탱과 젤리 마르탱이 시복되었다. 대개 가정생활을 그린 그림들은 장밋빛 모습만을 묘사한다. 하지만 마르탱 부부의 이야기는 그렇지 않다. 청년 시절, 함께 배워 가는 부부의 모습, 출산의 기쁨, 자녀와의 관계, 가족의 균열, 질병, 사별 뒤 남겨진 남편의 모습 등……. 그들이 우리에게 들려줄 이 모든 것은 장밋빛 모습과는 정반대이다.

많은 사람들은 마르탱 부부를 보며 딸 아기 예수의 데레사 성녀의 말을 이해하게 되었다. "복자는 우리 불행에 많은 연민을 느낍니다. 우리처럼 연약하고 힘들었고, 우리와 똑같이 잘못을 저질렀으며, 우리와 똑같이 싸움을 해 나갔다는 사실을 기억합니다. 그래서 형제인 우리들에게 지상에 있었을 때보다 더욱더 깊은 다정함을 느낍니다. 복자가 끊임없이 우리를 보호하고 우리를 위해 기도하는 것도 그래서입니다."

엘렌 몽쟁은 애정어리면서도 냉철하고 참신한 시선으로 마르탱 부부를 바라본다. 열정적인 여성인 엘렌 몽쟁은 아기 예수의 데레사 성녀에게 매료된 이후 성녀의 부모인 마르탱 부부를 자신의 삶에 들어오게 하였다. 그래서 우리가 마르탱 부부와 관계를 맺고, 사랑하며, 삶의 한 자리를 그들에게 줄 수 있도록 안내한다. 그리고 마르탱 부부를 본받자고 권유한다.

— 베르나르 라구트 몬시뇰
리지외 성지 명예 사제

머리말

2015년 10월 18일, 교회는 최초로 한 부부를 성인으로 시성했다. 바로 루이 마르탱과 젤리 마르탱이다. 그들은 평범한 부부가 아니라 비오 10세 성인 교황이 '우리 시대 가장 위대한 성인'이라고 일컬은 아기 예수의 데레사 성녀의 부모이다. 이 시성은 역사적 사건이다. 교회는 이로써 우리 시대의 성가정을 조명하고, 위협을 받고 있는 가족 공동체에 희망의 메시지를 주고자 한다. 루이 마르탱과 젤리 마르탱이 시성된 이유는 딸 아기 예수의 데레사 성녀 때문은 아니다. 물론 성녀는 자신의 글을 통해 독자들에게 부모의 진면목을 발견하게 해 주었다. 예수님이 나무에 빗대어 "그들이 맺은 열매를 보고 그들을 알아볼 수 있다."(마태 7,20)라고 하신 말씀도 딸 데레사와 마르탱 부부를 보면 더 분명해진다.

교회는 루이와 젤리가 그들만의 고유한 성덕을 지녔음을 인정하였다. 이 부부는 성덕이란 엘리트, 봉헌 생활자, 순교자에만 해당되는 머나먼 이상이 아니라 모두에게 주어지는 선택권이자 은총임을 보여 준다. 마르탱 부부의 생활상은 지금과 놀라울 정도로 닮았다. 각자 직업이 있었고, 사회생활과 육아를 병행하느라 시간에 쫓겨 살았으며, 평범한 가족이 겪는 기쁨과 고통을 느꼈다. 그리고 누구나 걸릴 수 있는 병으로 사망하였다. 젤리는 유방암, 루이는 뇌동맥경화에 요독증*까지 앓았다. 이 병은 루이의 뇌까지 전이되었고, 그로 인해 3년간 정신 병원에 입원해야 했다.

이러한 평범한 삶을 살았던 마르탱 부부가 성덕에 도달한 까닭은 이 시련을 받아들인 방법 때문이다. 이 부부는 무슨 일이 생기든 단 하나의 근원과 목표만을 바라보았다. 바로 하느님의 사랑이었다. 현실에 발을 딛고, 하느님의 사랑을 향해 온 마음을 다했던 그들의 평범한 삶은 말 그대로 '사랑의 모험'이었다. 부부는 그 안에서 가족, 친지, 친구, 이웃, 직원들까지도 성장하게 하였으며, 지금은 온 교회를 성장시키고 있다.

---

* 신장의 기능 저하로 노폐물이 혈액에 축적되는 중독 증세 — 역주

앞으로 시작할 이야기는 우리가 잘 아는 동화처럼 "그들은 아들딸 많이 낳고 행복하게 살았습니다."라고 할 수도 있다. 하지만 그들의 이야기에는 '십자가의 그늘 아래서'라는 말이 들어가야 한다. 이제 매력적인 이 가족의 생활을 살펴보며, 루이와 젤리의 인간적이면서도 성스러운 모습을 만나 보자.

딸 셀린이 그린 루이와 젤리의 목탄화.

젤리의 형제자매들. 왼쪽부터 젤리, 이지도르, 엘렌(1857년).

알랑송 손뜨개 작업장에서 만든 레이스.

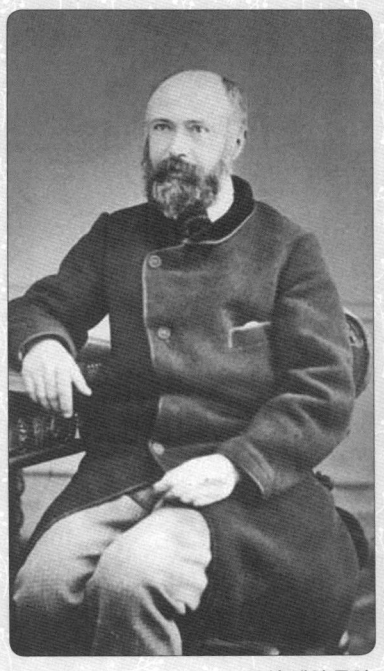

43살 때의 루이.   사망하기 몇 년 전의 젤리.

루이가 결혼할 때 젤리에게 선물한 은메달. 성경 속 토비야와 사라를 상징한다.

알랑송 생 블레즈 거리에 있는 집.
루이와 젤리는 1871년부터 1877년까지
이곳에서 생활하며 일했다.

미소의 성모상.
마르탱 가족들은 이 성모상을 공경했다.
지금은 리지외의 가르멜회에 봉안된 아기 예수의 데레사 성녀 성골함 위에 놓여 있다.

9— 19 Juillet 77

Ma chère sœur,

Je vais répondre au petit mot que vous avez bien voulu me mettre dans la lettre de Pauline. Je trouve ma chère sœur que vous avez raison de désirer qu'elle parte par le premier train et je vous remercie de votre sollicitude. Mais je suis bien embarrassée pour lui refuser cette petite satisfaction, elle m'a tant recommandé lorsque je lui ai vue dernièrement de lui laisser passer sa dernière journée à la Visitation, aussi intérieure que possible que je n'ose le refuser, c'est peut être faiblesse de ma part. Mais je crois aussi que le brusque départ auquel elle ne s'attend pas lui cause une irritation trop vive. Ainsi ma chère sœur si vous ne le trouvez pas mauvais j'accèderai à son désir en ne la faisant sortir qu'à 5 heures. Elle pleurera mais cela la soulagera peut-être, du moins elle n'aura point à regretter les instants qu'elle

젤리의 자필 편지.

사망하기 직전, 65살의 루이.

리지외에서 루이와 딸들이 살았던 집, 뷔소네.

봉 소뵈르 정신 병원에서 퇴원한 루이.
딸 셀린과 레오니, 루이를 돌보던 가사 도우미 부부와 함께.

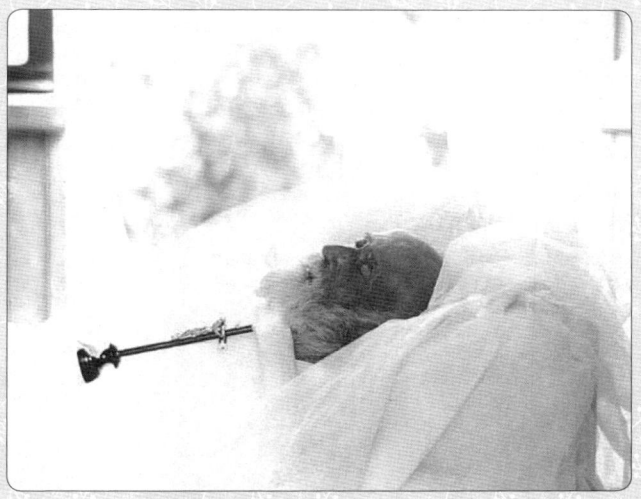

사망한 루이가 침대에 눕혀진 모습.

셀린과 데레사.

마리(21살 때).

폴린(21살 때).

레오니(32살 때).

엘렌(어렸을 때).

차례

추천의 말 8

머리말 10

1장   그분의 뜻을 찾다   25
2장   사랑으로 맺어지다   39
3장   모든 것은 하느님을 위해   65
4장   부모의 소명   87
5장   마르탱 기업   121
6장   전교 부부   139
7장   시련의 시간   151
8장   젤리의 수난   175
9장   루이의 봉헌   207

맺음말   가장 평범한, 그러나 위대한 성인   243

1장

그분의 뜻을 찾다

Louis and Zélie Martin

1858년 7월 13일, 루이 마르탱과 젤리 게랭은 프랑스 알랑송의 노트르담 성당에서 혼인했다. 루이는 34살, 젤리는 26살이었다. 두 사람은 만난 지 3개월 밖에 안 되었지만 이 혼인이 하느님의 뜻임을 단 한순간도 의심하지 않았다. 물론 이들이 불타는 사랑만으로 혼인이라는 소명을 받아들인 것은 아니다. 이들의 만남은 하느님의 뜻을 잘 보여 준다.

  루이는 1823년 8월 22일 프랑스 보르도에서 태어났다. 루이의 아버지 피에르 프랑수아 마르탱은 프랑스군 대위였다. 그는 나폴레옹 전쟁에 참전했고 프랑스 보르도, 아비뇽, 스트라스부르 등 많은 주둔지에서 살았다. 그리고 1818년 동료 군인의 딸인 파니

부로와 혼인했다. 피에르와 파니는 여유 있는 가정을 꾸리지는 못했다. 그래서 루이 외에도 4명의 아들딸도 더 낳았지만 일찍 죽었다. 이 부부의 믿음은 '살아 있는 믿음'이었다. 어느 날 병사들이 피에르에게 미사 중에 왜 그렇게 오랫동안 무릎을 꿇느냐고 묻자 믿음이 있기 때문이라고 대답했다. 가족들은 피에르가 기도를 바치는 모습에 깊은 인상을 받았다. 루이의 어머니 파니도 기도하는 여성이었다. 루이에게 보낸 편지에서 이를 잘 볼 수 있다. "하느님을 향해 올라간 내 영혼이 신성한 왕좌의 발치에 달려들 때, 내가 네 생각을 얼마나 자주 하는지! 거기서 나는 내 영혼의 모든 열정을 다하여 기도한단다." 루이는 이러한 부모님에게서 신앙을 물려받았다.

루이의 초년에 대해서는 알려진 것이 많지 않다. 군인 가정에서 자랐기에 군사 주둔지를 옮겨 다니며 살았는데, 규율을 중시하고 여행을 좋아하는 취향도 어린 시절에서 비롯되었다. 1830년 피에르 프랑수아는 퇴역 후 고향인 프랑스 노르망디 지방의 알랑송이라는 곳에 정착했다. 루이는 알랑송에서 고등 교육을 받지는 못했지만 그때까지 받은 교육만으로도 총명함과 단호한 분별력을 드러내기에 충분했다. 루이는 아버지처럼 직업 군인이 될 수도 있었다. 하지만 당시는 나폴레옹이 위용을 자랑했던 시기가 막을 내린 때였다. 그래서 프랑스군의 명성은 높지 않았다.

루이는 프랑스 브르타뉴 지방 렌에서 시계공이었던 삼촌 집에서 지낸 적이 있는데, 손으로 하는 이 직업이 평화롭고 섬세하다고 느꼈다. 그리고 시계공이라는 직업과 브르타뉴 지방을 사랑하게 되었다. 루이는 1842년부터 1843년까지 그곳에서 시계를 만들고 고치는 작업의 기초를 배웠다. 그러면서 위대한 작가들의 작품을 읽는 데 푹 빠져 지냈다. 루이는 문학에 관심이 많은 청년이었다. 그는 공책에 낭만주의 작가들의 수많은 글귀들을 옮겨 적곤 했다. 프랑수아르네 드 샤토브리앙을 특히 좋아했으며, 자크베니뉴 보쉬에, 프랑수아 페넬롱의 글도 좋아했다. 이러한 루이의 문학 취향을 보면 그가 아름다움에 매우 민감하다는 것을 알 수 있다.

루이는 시골길을 거닐다가도 피조물의 장엄함 앞에 감정을 주체하지 못하고 눈물을 흘렸다. 그래서 걸음을 자주 멈춰야 했다. 이 감성은 그 시절 특유의 낭만주의 감수성이었지만 루이는 달랐다. 그는 자신이 바라보는 대상 속에서 언제나 창조주 하느님을 떠올렸다. 그리고 순례자 지팡이를 쥐고 오랫동안 기도드리며 아름다운 공간을 거니는 것을 행복해했다.

1843년 9월, 루이는 스위스 알프스산을 걸어서 지나가던 중 그랑 생 베르나르도 수도원을 처음 보게 되었다. 해발 2,500미터 높이에 아우구스티노 참사 수도회 수사들이 사는 건물이 우뚝 서 있었다. 수사들은 관상 생활을 하면서 산속 조난자들을 구조하는 일도 했다. 기도, 아름다움, 영웅적 행동. 이 세 가지는 절대적인 것에 사로잡힌 청년 루이를 완전히 매혹시켰다. 루이는 2년간 이 수도원에 입회하고 싶다는 희망을 키워 갔다. 그러면서도 스트라스부르에서 시계 고치는 법을 계속 교육받았다. 루이는 좋은 사람들과 친구가 되었고, 그들과 즐겁고 아름다운 청년 시기를 보냈다. 그는 늘 기도드렸다. 그러던 루이가 그랑 생 베르나르도 수도원에 입회하기로 결심한 것은 1845년의 일이었다. 주님께서 자신을 부르셨다고 믿은 것이다. 하지만 그를 기다린 건 절망이었다. 원장 신부는 열정적이고 심신이 건강한 이 청년을 보고 기뻐했으나 한 가지 문제가 있었다. 이 수도원에 입회하려면 라틴어를 알아야 했는데, 루이는 고등학교에 진학하지 않았기 때문에 공부가 부족했다. 원장 신부는 루이에게 공부를 마친 후에 오라고 권했다. 루이는 알랑송으로 돌아가서 1년 넘게 책 속에 파묻혀 지냈고 라틴어 과외 수업을 받았다. 하지만 병에 걸려 공부를 중단해야만 했다. 루이는 이 상황에서 하느님의 섭리를 뜻하는 표징을 식별했다. 그는 무거운 마음으로 수도자의 삶을 단념했다.

루이는 시계 고치는 법을 교육받기 위해 파리로 갔다. 그곳에서의 삶은 혹독했으며, 수많은 유혹이 도사리고 있었다. 루이는 문란한 생활을 즐기는 이들을 보았고, 비밀 조직에 들어오라는 권유도 받았다. 또한 볼테르주의와 같은 자유사상에 영향을 받았다. 그래서 기도 생활을 유지하기가 좀처럼 어려웠다. 훗날 루이는 모든 유혹을 이기고 파리를 떠나기 위해서는 많은 용기가 필요했다고 고백했다. 이때부터 루이는 스스로의 힘이 아니라 하느님께 의지하여 용기를 내었다. 청년 루이는 더 많이 기도드렸으며 노트르담 데 빅투아르 대성당의 성모님께 자신을 의탁했다.

무사히 교육을 마친 루이는 알랑송으로 돌아와 퐁뇌프 거리에 시계점을 차렸다. 나중에는 보석도 팔았다. 그때 루이는 27살이었다. 8년간 루이의 삶은 기도, 일, 독서, 여가 생활 속에서 평화롭게 흘러갔다. 밝고 유쾌하면서 진지했던 루이는 금세 많은 사람과 친구가 되었다. 그는 절친한 친구 비탈 로메가 만든 당구 소모임에 꾸준히 참여했다. 루이는 또한 취미였던 낚시를 하며 시간을 보냈다(사람들은 루이를 '낚시꾼 마르탱'이라고 부를 정도였다!).

1857년에는 작은 팔각형 건물을 매입하여 '파비용Pavillon'*이라

---

*프랑스어로 정자, 작은 건물이라는 뜻이다. ─ 역주

는 이름을 붙였다. 루이는 가구를 간소하게 들여놓고, 마치 수도원처럼 신실한 믿음을 나타내는 말로 벽을 장식했다. 이 말은 루이의 신앙을 잘 표현해 주었다. "하느님께서는 나를 보고 계신다.", "영원은 다가오지만 우리는 영원을 생각하지 않는다.", "행복하여라, 주님의 율법을 따르는 사람들". 루이는 때마다 파비용에 머물며 읽고 기도드렸다.

그 시절 루이를 매력적으로 묘사한 피아트 신부의 글을 보자.

"큰 키, 장교 같은 기품, 호감 가는 외모, 훤히 드러낸 넓은 이마, 밝은 안색, 잘 생긴 얼굴은 밤색 머리로 덮였으며 짙은 푸른 눈에서는 부드럽고 깊은 눈빛이 타오른다. 귀족 같으면서도 신비주의자를 닮았다. 타인에게 깊은 인상을 남기는 외모였다."

이런 루이에게 관심을 갖는 여성들이 많았다. 하지만 수도자가 되고 싶다는 희망을 버리지 않았기에 청혼을 모두 단호하게 거절했다. 라틴어도 규칙적으로 다시 공부하기 시작하며, 34살의 이 청년은 속세에서 조금씩 수도자의 삶에 다가갔다. 하지만 어머니 파니는 사랑하는 아들이 홀로 늙어가는 것을 볼 수 없었다. 그래서 어떻게 해서든 루이를 혼인시키려고 애썼고, 마침내 귀한 진주를 찾았다.

젤리라고 불렸던 마리 아젤리 게랭은 1831년 12월 23일 프랑스 오른의 생 드니 쉬르 사르통에서 태어났다. 마르탱 가족처럼 젤리의 아버지도 군인이었다. 하지만 군인의 봉급으로 모아 둔 돈은 많지 않았기에 가족은 동전 한 닢도 아꼈다. 젤리는 인형을 가져 본 적이 없었다. 아버지 이지도르 게랭은 좋은 남자였으나 무뚝뚝했고, 어머니 루이즈 잔느는 다정하지 않았다. 게다가 루이즈 잔느는 신앙과 엄격한 도덕주의를 자주 혼동했다. 젤리는 어린 시절을 회상하며 "수의처럼 슬펐다."라고 표현했다. 그리고 지나치게 엄격한 엄마 때문에 마음이 많이 아팠다고 했다. 젤리는 정서적으로는 성장했지만 신체적으로는 성장하지 못했다. 7살부터 12살까지 계속 몸이 아팠고, 찌르는 듯한 편두통 때문에 힘든 사춘기를 보냈다. 하지만 이 고통도 젤리가 영원한 흠숭의 수녀원에서 양질의 교육을 받는 것을 막지는 못했다. 다행히 젤리에게는 언니와 남동생이 있었다. 두 사람은 젤리의 삶에서 중요한 역할을 했다. 언니 엘리즈는 젤리가 속내를 털어놓을 수 있는 가장 친한 친구이자 응원군이었다. 젤리와 엘리즈는 마치 쌍둥이처럼 가까운 사이였다. 젤리는 10살 어린 동생 이지도르를 마치 엄마처럼 사랑했다.

게랭 집안도 가톨릭 전통이 깊게 뿌리 내리고 있었다. 할아버지의 동생인 기욤은 신부였다. 식구들은 기욤 신부가 프랑스 대혁명 중에 혁명군에 쫓기며 은둔 생활을 하던 시절에 겪었던 모험을 이야기하기 좋아했다.

어느 날 기욤 신부는 한 가족에게 성체를 분배하다 불량배들에게 습격을 당했다. 그는 조약돌 무더기 위에 성체를 올려놓더니 성체에 이렇게 중얼거렸다. "하느님, 제가 사람들을 상대하는 동안 무사히 스스로를 보전하소서." 그러고는 불량배들을 근처 늪대로 밀어 버렸다. 게랭 가족은 당시 만연했던 얀세니즘의 엄격주의에 물들긴 했지만 마음속 깊이 하느님을 믿고 있었다.

젤리는 우울한 유년 시절 때문에 불안하고 자신감이 부족한 여성으로 자랄 수도 있었다. 하지만 어릴 때부터 "내가 약할 때에 오히려 강하기 때문입니다."(2코린 12,10)라는 바오로 사도의 말을 되새기며, 하느님의 힘은 절대로 부족하지 않음을 알았다. 그러면서 20살이 채 되지 않았지만 수도자의 삶을 살라는 부르심을 받았다고 믿었다. 젤리는 성 빈센트 드 뽈 자비의 수녀회의 수녀복을 입기를 간절히 바랐다. 이 수녀회는 사도직 수녀회로, 깊은 기도 생활을 하면서도 가장 가난한 사람들을 위해 봉사하는 곳이었다. 하지만 자녀들이 또 다른 소명을 지니고 있음을 아셨던 주님께서는 그 문을 닫아 버리셨다. 장상 수녀는 젤리의 성소를 믿을 수 없다고 단호하게 말했다.

젤리는 큰 충격을 받았으나 불행을 한탄하지만은 않았다. 그리고 직업을 가지기로 결심했다. 그녀는 몇 년간 공부를 하면서 당시에 귀했던 수작업인 알랑송 손뜨개의 기초를 배웠는데, 얇고 가벼운 레이스를 뜨기 위해서는 뛰어난 손재주와 정교함이 필요했다. 젤리는 금세 두각을 나타냈다. 젤리는 알랑송에 있는 어느 작업장에서 일했으나, 한 남자 직원이 호감을 보이자 작업장을 그만두었다. 1851년 12월 8일, 원죄 없이 잉태되신 복되신 동정 마리아 대축일이 되었다. 방에서 일을 하던 젤리는 분명한 내면의 목소리를 들었다. "알랑송에서 손뜨개 일을 해라." 젤리는 곧바로 엘리즈에게 이 얘기를 했다. 그러자 엘리즈는 젤리를 격려하면서 돕겠다고 약속했다. 그렇게 두 사람은 회사를 세웠다. 훗날 젤리는 이것이 과감한 시도였음을 인정하며 말했다. "그 어떤 재정 지원도, 상업 지식도 없던 우리가 어떻게 일을 잘 마무리할 수 있었을까? 어떻게 파리에서 거래처들을 찾을 수 있었으며, 또 어떻게 그 거래처들이 우리를 신뢰할 수 있었을까? 그래도 정말로 그렇게 되었고 또 많은 시간이 걸리지도 않았어. 가게를 세운 그다음 날부터 바로 일을 시작했거든." 젤리는 20살도 되기 전에 '알랑송 손뜨개 작업장'의 대표가 되었다.

피아트 신부는 자신의 글에서 그 시절 젤리의 모습을 훌륭하게 묘사했다.

평균보다 조금 작은 키, 아주 예쁜 얼굴과 순수한 표정, 단정히 묶은 갈색 머리, 길고 조화롭게 뻗은 코, 결단력으로 반짝이다가도 이따금 우울한 그림자가 스쳐가는 검은 눈, 이 젊은 여성에게는 사람들의 호감을 사는 무언가가 있다. 그녀는 활발하고, 세심하며, 친절하다. 활기차면서도 교양 있었으며, 대단히 현실적인 감각과 좋은 성격, 무엇보다도 대담한 신앙을 지닌 이 여성은 사람들의 시선을 사로잡았다.

몇 년이 흐른 뒤, 자매의 회사가 어려워졌다. 그러나 그들은 시련을 겪으며 더욱 돈독해졌다. 그 무렵 엘리즈는 다른 소명을 놓고 고민하고 있었다. 수도 생활로 마음이 기울어지고 있었던 것이다. 엘리즈는 마침내 1858년 4월 7일에 르망의 성모 마리아 방문 수녀회에 입회하였다. "저는 성녀가 되고자 이곳에 왔습니다."라며 강렬한 소망을 드러냈다. 젤리는 언니와의 이별이 가슴이 찢어지도록 아팠다. 그 시절 젤리는 엘리즈와 반나절도 떨어져 있지 못했다. 어느 날 엘리즈가 "내가 없으면 너 어떻게 살래?"라고 젤리에게 묻자, "그럼 나도 떠날 거야."라고 대답했다. 엘리즈가 입회한 지 3개월 후, 젤리는 루이와 혼인하기로 하였다.

그때 파니 마르탱은 알랑송에서 손뜨개 수업을 받던 중에 젤리를 만났다. 파니는 곧바로 젤리가 좋은 사람이며, 이상적인 며느리임을 알아보았다. 파니는 아들 루이를 설득하기 위해 젤리의 아름다움보다는 신심을 더 강조해서 말했을 것이다. 루이는 거부했지만 어머니가 상심하지 않도록 젤리를 만나보겠다고 했다.

젤리에게 조언해 줄 수 있는 다정한 어머니는 없었으나 성령께서 함께하셨다. 어느 날 두 사람은 우연히 다리 위에서 마주쳤다. 그들의 첫 만남이었다. 루이는 젤리의 아름다운 외모에 매료되었고, 확신을 주는 내면의 목소리를 들었다. "내가 너를 위해 준비한 여자가 바로 이 사람이다."

1858년 4월, 두 사람은 순식간에 사랑에 빠졌다. 곧바로 언약을 맺은 후 약혼을 했는데, 혼인 준비를 도운 사제의 동의 아래 7월 13일에 혼인하기로 결정했다.

루이와 젤리 부부는 9명의 아이를 낳았다. 부부는 일을 계속 하면서 아이들을 키웠다. 1860년에 태어난 마리, 1861년에 태어난 폴린, 1863년에 태어난 레오니, 1869년에 태어난 셀린, 1873년에 태어난 데레사. 이렇게 딸 5명의 딸은 오래 살아서 부모인 루이와 젤리를 세상에 널리 알렸다. 다른 4명의 작은 '천사들'은 너무 일찍 하늘나라로 떠났다. 1870년에는 엘렌이 5살에 세상을 떠났고, 1867년에는 조제프가, 1868년에는 장 바티스트 조제프가, 1870년에는 훗날 아기 예수의 데레사 성녀가 되는 데레사보다 먼저 이 이름을 받았던 데레사가 세상을 떠났다.

2장

사랑으로 맺어지다

Louis and Zélie Martin

1858년 7월 13일, 루이와 젤리는 현지 전통에 따라 밤 12시에 혼인성사를 했다. 루이는 젤리에게 성경에 나오는 부부인 토비야와 사라를 상징하는 아름다운 목걸이 메달을 선물했다. 성경 속 토비야는 사라와 혼인하던 날 밤, 이렇게 기도했다. "이제 저는 욕정이 아니라 진실한 마음으로 저의 이 친족 누이를 아내로 맞아들입니다. 저와 이 여자가 자비를 얻어 함께 해로하도록 허락해 주십시오."(토빗 8,7)

젤리는 15년 후에 딸 폴린에게 첫날밤 이야기를 들려주었다. 첫날밤은 삶의 가장 아름다운 날이지만 젤리에게는 달랐다. 성모 마리아 방문 수녀회에 있는 언니 마리 도지테 수녀에게 남편을 소개시켜 주러 가서는 하루 종일 펑펑 울었다. 수녀가 된 언니와 재회하니 이별의 아픔이 북받쳐 왔고, 봉헌 생활을 하지 않은 것에 후회가 밀려왔다. 하지만 젤리는 세상에 남겠다고 서약한 후였다.

사실 젤리에게 충격을 준 일은 또 있었다. 전날 밤, 루이는 그 시절 '인생의 그 일들'이라고 돌려서 말하던 것에 대해 젤리에게 설명해야만 했다. '인생의 그 일들'이란 성생활을 뜻했다. 젤리는 그때까지 성에 무지했다. 그때는 지금과 달리 성에 대해 무지한 것이 자연스러운 일이었다. 그러므로 생각지도 못한 이야기를 들은 젤리는 루이의 말을 이해하기 어려웠을 것이다. 결국 루이는 남다른 배려심으로 젤리에게 남매처럼 살자고 제안했다. 루이가 이런 제안을 한 이유는 아내를 깊이 존중했기 때문이기도 했으나 다른 이유도 있었다. 루이는 성덕을 열망해서 처녀성이라는 주제를 혼인 생활과 연관시켜 생각했다. 육체 결합을 이루지 않은 혼인이 유효한지를 다룬 많은 글이 루이의 공책에서 발견됐다. 육체 결합을 이루지 않은 혼인에 대한 예시는 성모 마리아와 요셉 성인에게서 찾아볼 수 있다. 당시 교회는 처녀성의 완벽함을 대단히 찬양하였다. 하느님께 스스로를 봉헌하기를 꿈꿨던 루이와 젤리는 해답을 찾은 것 같았다. 혼인했지만 정결을 지키며 수도자처럼 살기로 한 것이다. 딸 폴린에게 혼인 첫날 있었던 일을 이야기해 주던 젤리는 루이와 이런 선택을 했다고 에둘러서 말했다. 젤리는 이렇게 설명했다. "너희 아버지는 최선을 다해서 나를 이해했고 위로했단다. 그렇게 할 수 있었던 건 그가 지향했던 바가 나랑 비슷했기 때문이야. 나는 서로를 향한 애정이 커져 간다고 느꼈어. 서로의 감정은 언제나 일치했지."

그렇게 두 사람은 10개월 동안 남매처럼 살았다. 그렇다고 각자의 세계에 틀어박혀 지내지는 않았다. 루이와 젤리에게 몇 년 간 자신의 아들을 맡아 주길 부탁한 사람이 있었는데, 이 일로 인해 그들은 성숙해졌으며 주어진 소명을 이해하게 되었다. 그들은 하느님께서 봉헌 생활을 하지 못했던 자신에게 혼인이라는 차선책을 준비하셨다고 생각했다. 하지만 이제는 혼인이 하느님의 진정한 부르심이며, 이 삶을 오롯이 살아야 함을 알아 갔다. 그래서 고해 신부가 절제 생활을 끝내는 게 어떻겠냐고 권유했을 때 두 사람은 받아들일 준비가 되어 있었다. 그런 후, 아이들이 태어났고 부부는 소명을 더욱더 견고히 다질 수 있었다. "아이들을 낳자 생각이 조금 바뀌었어. 우리는 아이들을 위해서만 살았어. 아이들이 우리 행복의 전부였고 아이들이 아닌 다른 것에서는 행복을 절대 발견할 수 없었어. 우리에게 아이들보다 더 중요한 건 아무것도 없었어. 그러자 세상도 짐처럼 느껴지지 않더라." 젤리는 "아이들을 낳기 위해 태어난 것 같아."라고 탄성을 지르면서도 루이와 함께 수도 생활을 깊이 존중했다. 그러나 미련을 갖지는 않았다. "아! 혼인한 것을 후회하지 않아." 부부는 성덕을 갈망했다. 하느님께서는 부부의 갈망이 가장 활짝 피어날 수 있는 삶의 형태로 두 사람을 이끄셨다. 혼인을 하여 부모가 되는 일이었다. 루이와 젤리는 아이들을 많이 낳으라는 부르심을 들었다. 두 사람의 아름다운 표현을 빌리자면 "하늘나라를 위해 아이들을 기르라."는 부르심이었다. 처음에는 혼인을 했더라도 성스러운 삶을 살겠다고 생각했다. 하지만 그 생각과는 반대로 두 사람은 혼인 속에서, 또 혼인을 통해서 성스러운 삶을 살았다.

　루이와 젤리는 돈독한 우정을 나누는 부부였다. 서로에게 한없이 다정했고 모든 것이 잘 통했다. 우정은 세월이 갈수록 깊어져 갔다. 혼인한 지 5년이 흘렀을 때, 젤리는 편지에 이렇게 썼다. "루이와 있으면 정말 행복해. 루이는 내 인생을 정말로 달콤하게 만들어. 남편은 성스러운 사람이야. 모든 여성에게 이런 성스러운 사람이 있었으면 좋겠어." 젤리는 루이 이야기를 하거나, 루이와 대화하면서 이름을 부를 때는 이름 앞에 수식어를 넣어 부르기를 좋아했다. 그 수식어는 항상 같았다. "참 좋은 우리 루이". 짧지만 두 사람의 관계에 대해 많은 것을 말해 주는 표현이다. 하지만 두 사람이 떨어져 있을 때 서로에 대한 그리움을 표현한 편지를 보면 마음속에는 우정보다 더 강한 것이 자리 잡았던 것 같다. 편지에는 다정함 속에 사랑이 가득했음이 생생히 드러난다.

아이들은 즐거워해요. 날씨가 좋았더라면 더할 나위 없이 행복했을 거예요.

하지만 난 여기 있는 게 힘이 드네요. 이 모든 것에 하나도 관심이 생기지 않아요! 나는 당신이 물 밖으로 잡아 올린 물고기나 다름없어요. 물고기들은 그들의 터전에 있지 않으면 곧 죽어 버리겠지요! 여기서 지내는 시간이 길어질수록 내게도 같은 결과가 생길 거예요. 불안하고 마음도 편하지 않아요. 이런 느낌이 몸에도 영향을 미쳐서 몸도 아픈 것 같아요. 그래도 이성적으로 생각하고 이겨 내려고 노력 중이예요. 머릿속에서는 하루 종일 당신을 따라다녀요. "지금 그 사람은 이 일을 하고 있겠지."라고 혼잣말을 하지요.

사랑하는 루이, 어서 빨리 당신 곁에 있고 싶어요. 진심으로 당신을 사랑해요. 당신이 없으니 당신 옆에서 느꼈던 애정이 더 커지는 것 같아요. 저는 당신과 떨어져서는 살 수 없을 거예요. ……

당신을 사랑하는 만큼 당신에게 키스를 보냅니다.

이 편지는 두 사람이 혼인한 지 15년이 지났을 때 쓴 편지이다. 루이는 젤리의 '터전'이 되어 있었다. 루이도 일 때문에 가족을 멀리 떠나야 할 때는 세심하게 마음을 쓰며 젤리에게 편지를 썼다.

사랑하는 친구에게,

알랑송에는 월요일에야 도착할 수 있을 것 같아요. 시간이 정말 안 가네요. 어서 당신 곁에 있고 싶어요.

당신의 편지를 받고 얼마나 기뻤는지 굳이 말하지 않아도 알죠? 하지만 편지를 읽어 보니 당신이 지나치게 피곤해하는 것 같아요. 이 말은 해야 할 것 같아요. 충분히 안정을 취하고, 특히 일은 적당히 했으면 좋겠어요. 리옹 회사에서 몇 가지 주문을 받았어요. 한 번 더 말하지만 너무 걱정하지 말아요. 하느님이 도와주시니 작지만 좋은 집 한 채를 마련할 수 있을 거예요.

노트르담 데 빅투아르 대성당에 가서 영성체를 모셨는데 행복했어요. 그곳은 지상의 작은 천국 같아요. 우리 가족을 위한 지향을 드리며 초도 한 개 켜 놓고 왔어요.

당신이 다시 행복해지길 바라면서 당신을 진심으로 사랑해요. 마리와 폴린도 얌전히 잘 있었으면 좋겠고요!

평생 당신을 사랑하는 당신의 남편이자 진정한 친구가.

이 편지들은 세월의 흐름도 두 사람의 좋은 사이를 퇴색시키지 못했음을 보여 준다. 편지에 일부 손상된 부분이 있지만 행간을 읽으면 내용을 연상할 수 있다.

당신이 이 편지를 받을 때쯤이면 나는 당신의 작업실을 정리하느라 바쁠 거예요. 당신을 화나게 하면 안 되니까 아무것도 잃어버리지 않을게요. 네모난 낡은 조각도, 용수철 한 조각도, 하나도 잃어버리지 않을 거예요. 그리고 위아래 깨끗하게 해 놓을게요! 당신은 "여기 있던 먼지를 저기로 옮기기만 한 것 같은데요."라고는 말하지 못할 거예요. 먼지는 하나도 남기지 않을 거니까요. ……
진심으로 당신을 사랑해요. 당신을 다시 만날 생각을 하니 너무 행복해서 오늘은 일을 할 수 있었어요.
목숨보다 당신을 사랑하는 당신의 아내가.

젤리가 루이에게 마지막으로 남긴 말은 "모든 것을 당신에게"였다. 젤리가 쓴 편지와 딸들의 경험담을 보면 젤리가 어떤 아내였는지 짐작할 수 있다. 유쾌하고, 생기 있으며, 다정했다. 모두에게 마음을 열었으며, 남편을 신뢰했고, 유머 감각이 있는 여성이었다. 하지만 젤리는 자기 자신을 자조적으로 바라보았다. 그래서 사람들이 생각하는 자신의 모습과 정반대라고 여겼다. 심한 불안감을 느꼈고, 자신에게 주어진 시련이 지나치게 버겁다고 느껴질 때면 암울한 생각에 빠져들곤 하였다. 그렇지만 안정감을 주는 루이의 존재와 젤리의 신앙이 이 고통을 조금씩 극복하는 데 도움이 되었다. 젤리는 강하고 신심이 깊은 적극적인 여성이었다. 그녀는 두려움을 느끼고 상처를 잘 받았지만 끊임없이 신앙을 키우며 하느님께 전념했다. 젤리는 대단히 예민했으므로 다른 사람을 세심하게 대했다. 자신의 감정에 휘둘리지 않았으며 가족과 회사를 위해 쉬지 않고 일했다. 스스로 끊임없이 헌신하고 싶다는 욕구를 느꼈고, 너그러운 마음으로 이에 응답했다.

데레사의 시복 과정에서 셀린은 젤리를 이렇게 묘사했다. "어머니는 뛰어난 지능과 남다른 에너지를 타고 나신 분이었어요." 젤리는 남동생에게 좋은 아내를 선택해야 한다고 일깨워 주면서 자기도 모르게 스스로의 모습을 묘사했다. "내면이 훌륭한 여성을 찾는 게 가장 중요해. 일을 하느라 손이 더러워지는 것을 두려워하지 않는 여성, 꼭 필요할 때만 자신을 꾸밀 줄 아는 여성, 그리고 일도 하고 신앙심도 가지면서 아이들을 기를 수 있는 여성이 그런 여성이야." 이 말은 낭만적이지는 않으나, 연애결혼이 예외로 여겨지던 시절이었음을 감안하면 젤리가 그 시대에 적합한 분별력을 갖춘 사람임을 보여 준다. 그러므로 젤리는 루이에게 좋은 아내였고, 루이도 젤리에게 좋은 남편이었다.

침착하고 사려 깊은 루이는 가족을 책임지며 젤리를 세심하게 도왔다. 루이의 말년에는 주변 사람들이 그 다정함에 놀랄 정도였다. 루이의 이런 모습은 천성이라기보다는 애덕을 충실히 실천하며 배운 것이었다. 데레사도 이렇게 썼다. "프란치스코 살레시으 성인을 본받으신 아빠는 타고난 괄괄한 성격을 조절하실 수 있게 되어, 마치 세상에서 가장 부드러운 천성을 가신 사람처럼 보이셨습니다······." 젤리가 그랬던 것처럼 루이도 가족에게 노력을 아끼지 않았다. 루이는 불의와 위선을 참지 못하는 올바른 사람이었다. 그의 단호한 기질은 영적인 대의를 위하거나 죄악에 대항할 때 온전히 발휘되었다. 루이는 평소에 글 쓰는 것을 좋아하는 편은 아니었으나, 어떤 가난한 노인이 보호소에 들어갈 수 있도록 관공서에 수없이 편지를 보낸 적이 있었다. 젤리의 선한 성격은 루이의 모난 부분을 둥글게 해 주었다. 젤리는 일처리가 부족한 작업자에게 자비를 베풀어 달라고 루이를 설득했으며, 루이가 고독 속에 지나치게 침잠하지 않게 했다. 루이와 젤리는 출신 배경이나 사회에 대한 의견도 같았지만, 두 사람 모두 관대한 마음씨를 갖고 있었다는 점도 같았다. 그리고 자신의 에너지를 잘 활용할 줄 알았다. 또한 정교함과 인내심을 요하는 일을 좋아했다. 무엇보다 두 사람 모두 하느님을 갈망했다.

가족 편지를 보면 마르탱 부부의 소통은 깊이 있고 진실했다. 딸들도 모두 그렇다고 말했다. 두 사람은 솔직했기에 상대의 생각을 알아맞히는 일도 자주 있었다. "그가 내게 그 이야기를 해 줄 필요는 없었어. 그가 무슨 이야기를 하고 싶은지 잘 알았거든." 루이는 청년 시절에 파리에서 겪은 유혹을 젤리에게 솔직히 털어 놓았다. 젤리의 남동생 이지도르가 파리에서 대학을 다니고 있었던 무렵인데, 루이는 그 경험담이 도움이 되기를 바랐다. 루이와 젤리는 일상에서 있었던 사소한 일들이나 아이들에게 일어난 뜻밖의 일들도 모두 이야기했다. 이 부부는 신앙에 관해 대화하는 것과, 성인의 삶을 다룬 글을 읽고 토론하기를 자주 즐겼다. 그렇게 서로의 느낌을 나누며 성장했다.

루이와 젤리는 각자의 침묵과 공간, 서로의 차이도 존중했다. 루이는 시간이 날 때마다 자신만의 쉼터인 파비용에 가거나 순례를 떠났다. 젤리는 따로 시간을 내어 남동생과 언니에게 속마음을 터놓은 편지를 쓰거나 신앙 모임에 참석했다.

두 사람은 살아가며 생기는 크고 작은 걱정을 함께 짊어졌다. 젤리는 어린 시절 이후로 불안해하는 경향을 갖게 되었는데, 루이는 "한 번 더 말하지만 너무 걱정하지 말아요."라고 말하며 젤리를 안심시켰다. 젤리는 삶의 마지막에 이르렀을 때 남편에 대해 이렇게 썼다. "루이는 언제나 나를 위로하고 지지했어." 젤리 역시 루이를 지지할 줄 알았다. 루이가 젤리의 건강을 염려했을 때의 일이다. 젤리는 이렇게 썼다. "나는 남편이 내 건강을 몹시 걱정하는 것을 여러 번 보았어. 내 몸은 이제 가만 두고 볼 수 있는 상태가 아니었지. 나는 루이에게 말했어. '걱정하지 말아요. 선하신 하느님께서 우리와 함께 계세요.'" 온 가족이 젤리의 건강을 걱정할 때 모든 사람을 즐겁게 해 주는 사람은 젤리였다. 젤리는 가족의 중심이었다. 이렇게 루이와 젤리는 아름답게 조화를 이루면서 서로에게 기둥이 되어 주었다.

물론 생각지도 못한 사소한 일로 다투기도 했다. 어느 날이었다. 루이는 딸들과 리지외로 여행을 갔다가 기차를 타고 돌아오는 중이었는데, 그만 기차에서 내리는 것을 잊은 것이다. 젤리는 아침 내내 점심을 준비하며 식구들을 기다리고 있었다. 그녀는 도착하기로 한 날짜에 남편과 아이들이 오지 않자 무슨 일이 생긴 건 아닌지 불안해했다.

이런 일이 있어도 오해가 풀리면 두 사람은 이지도르에게 편지로 무슨 일이 있었는지 전하며 웃기 바빴다.

두 사람은 다툴 때도 있었지만 관계가 나빠질 정도는 아니었다. 폴린은 7살 때 엄마 아빠의 목소리가 커지는 것을 들었다. 폴린은 젤리에게 다가가서 물었다. "엄마, 이런 게 나쁜 부부예요?" 젤리는 웃음을 터트렸고 루이에게 얼른 폴린의 말을 전했다. 루이도 크게 웃었다. 그때부터 '나쁜 부부'라는 말은 식구들 사이에 농담처럼 쓰이곤 했다.

또한 두 사람은 다른 부부들처럼 주로 아이들에 관한 일을 두고 대립했다. 교육 방식의 큰 틀은 완벽히 일치했지만 사소한 결정을 내려야 할 때는 의견이 달랐다. 젤리가 아기였던 셀린을 리지외로 데려가자 루이는 이를 정신 나간 행동이라고 생각했다. 루이도 젤리의 의견을 거스르고 아픈 마리를 기숙사에 보낸 적도 있었다(더욱이 이 일은 학교 전체에 홍역이라는 끔찍한 전염병을 일으켰다). 하지만 젤리의 글을 보면 이 일에 대해 어떠한 원망도 남아 있지 않다. 오히려 서로가 균형을 잘 이루었다는 것에 초점을 맞추었다. 루이는 성경을 따르는 사람으로서 대부분의 결정을 내렸다.

"그리스도를 경외하는 마음으로 서로 순종하십시오. 아내는 주님께 순종하듯이 남편에게 순종해야 합니다. 남편은 아내의 머리입니다. 이는 그리스도께서 교회의 머리이시고 그 몸의 구원자이신 것과 같습니다. 교회가 그리스도께 순종하듯이, 아내도 모든 일에서 남편에게 순종해야 합니다. 남편 여러분, 그리스도께서 교회를 사랑하시고 교회를 위하여 당신 자신을 바치신 것처럼, 아내를 사랑하십시오. 그리스도께서 그렇게 하신 것은 교회를 말씀과 더불어 물로 씻어 깨끗하게 하셔서 거룩하게 하시려는 것이었습니다. 그리고 교회를 티나 주름 같은 것 없이 아름다운 모습으로 당신 앞에 서게 하시며, 거룩하고 흠 없게 하시려는 것이었습니다. 남편도 이렇게 아내를 제 몸같이 사랑해야 합니다. 자기 아내를 사랑하는 사람은 자기 자신을 사랑하는 것입니다. 아무도 자기 몸을 미워하지 않습니다. 그리스도께서 교회를 위하여 하시는 것처럼 오히려 자기 몸을 가꾸고 보살핍니다. 우리는 그분 몸의 지체입니다. '그러므로 남자는 아버지와 어머니를 떠나 아내와 결합하여, 둘이 한 몸이 됩니다.' 이는 큰 신비입니다. 그러나 나는 그리스도와 교회를 두고 이 말을 합니다. 여러분도 저마다 자기 아내를 자기 자신처럼 사랑하고, 아내도 남편을 존경해야 합니다."(에페 5,21-33)

루이와 젤리는 성경 속 부부의 모범을 완벽하게 구현한 사람들이었다. 루이는 일방적으로 권위를 행사하지 않았다. 언제나 대화의 문을 열어 놓았으며, 젤리의 의견을 따르지 않더라도 아내의 생각대로 할 수 있게 했다. 여성이 원하는 것은 하느님이 원하는 것이라고 생각했기 때문이다. 다음의 매력적인 이야기를 들어 보자. 이 이야기는 젤리가 딸 폴린에게 해 준 이야기이다.

　마리가 성모 마리아 방문 수녀회로 피정을 떠날 때 일이야. 너도 네 아버지가 너희들과 떨어지는 것을 별로 좋아하지 않았다는 것을 알 거야. 처음에 네 아버지는 마리는 가지 않을 거라고 분명하게 말했어. 그렇게 단호한 모습을 보이기에 나는 마리가 왜 피정을 가야 하는지 설명하려고 하지 않았어. 오히려 찬성했지. 하지만 속으로는 다시 한번 말해 보겠다고 결심했어.
　그 전날 저녁, 마리가 이 문제로 내게 하소연을 했거든. 나는 마리에게 말했어. "엄마가 알아서 할게. 엄마는 아빠와 싸우지 않고도 늘 원하는 대로 했거든. 아직 한 달이나 남았으니까 엄마는 네 아빠 마음을 열 번도 더 바꿀 수 있어."
　내 생각이 맞았어. 겨우 1시간 좀 지났을까, 네 아버지가 집에 돌아

오더니 열심히 공부하고 있는 마리에게 다정하게 말을 걸었어. 나는 생각했지. '좋아, 지금이야!'

그리고 내가 해야 할 말을 네 아버지에게 넌지시 건넸어. 그러자 네 아버지가 마리에게 물었어.

"그러니까 너 정말 이 피정을 가고 싶니?"

"네, 아빠."

"음, 좋다! 가거라."

네 아버지는 마리가 없는 것도, 돈을 쓰는 것도 좋아하지 않았어. 그 전날 네 아버지가 나에게 말하더구나. "마리가 피정을 가지 않았으면 좋겠어요. 분명히 마리는 가지 않을 거예요. 르망 여행에 리지외 여행까지, 도무지 끝이 없네요."

나는 속으로는 다른 생각을 하면서 네 아버지에게는 같은 생각이라고 말했지. 오래전에 사업가로서 대처법을 터득했거든! 예를 들어서 다른 사람한테 "우리 남편이 원하지 않아요."라고 말하는 건 남편처럼 나도 원하지 않는다는 뜻이었지. 내 생각에 마리를 피정에 보내야 할 이유가 타당하다면 네 아버지를 설득할 수 있다는 것을 나는 잘 알고 있었어. 그리고 나에게는 마리를 피정에 보내고 싶은 정당한 이유도 있었어.

돈이 드는 건 맞아. 그렇지만 영혼의 성덕과 완덕을 위한 일이라면 돈은 아무것도 아니야. 마리는 작년에 피정에서 완전히 다른 사람이 되어 돌아왔지. 이 결실은 오래 지속되었어. 이제 저장고에 열매들을 다시 채워야 할 때가 된 거야. 사실 네 아버지도 그렇게 생각하고 있었단다. 그래서 네 아버지는 다정하게 허락했지.

젤리가 남편을 조심스럽게 잘 다룰 수 있었던 이유는 두 사람의 뜻이 근본적으로 같았기 때문이다. 며칠 후 젤리는 지난 번 문장을 다 끝내지 못하고 미완성으로 남겨 둔 편지를 이어서 써 나갔다. "사랑하는 우리 딸 폴린에게, 저번에 쓰다 만 말을 이어서 쓴다. 일요일 저녁 7시에 네 아버지가 오더니 외출을 하자고 했거든. 엄마는 유순한 여성이니까 네 아버지 말대로 하다 보니 문장을 끝맺지 못했어!" 이 일화들은 젤리의 매우 여성스러운 성격과 루이의 융통성을 잘 보여 준다. 특히 두 사람 사이의 깊이 있고 멋진 화합이 잘 드러난다.

마르탱 부부의 삶을 잘 이해하기 위해서는 두 사람의 친척과 생활 환경도 알아야 한다. 가장 가까운 친척은 젤리의 언니와 남동생이었다. 마리 도지테 수녀는 너무 먼 곳에 살았기 때문에 루이와 그렇게 가까운 사이는 아니었다. 하지만 마리 도지테 수녀가 젤리에게 끼치는 영향을 모르지 않았다. 마리와 젤리는 진정한 영적인 우애를 통해서도 연결되어 있었다. 젤리는 남동생 이지도르에게 보내는 편지에다 짓궂게 이렇게 쓰기도 했다. "르망에 있는 언니에게 쓴 편지를 네가 보게 된다면 질투할지도 몰라. 자그마치 다섯 장이나 썼거든. 언니에게는 너와 하지 않는 이야기를 해. 신비의 세계, 천사의 세계에 대해 이야기를 나누지. 너와는 이 땅의 진흙 같은 것에 대한 이야기들을 하고 말이야."

젤리가 언니에게 쓴 편지들은 남아 있지 않다. 젤리가 딸들의 영성체를 준비하며 보낸 편지들도 남아 있지 않은데, 그 편지에서 성모 마리아 방문 수녀회의 수녀들에게 찬사를 보냈다고 한다. 남아 있는 편지 속의 젤리는 한 손에는 바늘을 들고, 다른 한 손에는 아기를 안은 모습으로 그려진다. 하지만 이렇게 현실적인 편지들에서도 젤리의 깊이 있는 내면이 드러난다. 마리 도지테 수녀는 젤리와 고통과 기쁨을 나누는 절친한 사이였으며, 하느님의 손길을 발견하게 해 주었다. 젤리는 '르망의 성녀'라고 부르던 언니에게 기도를 부탁하지 않고서는 사업적으로 어떤 일도 추진하지 않았다. 가족의 일도 마찬가지였다.

이지도르는 젤리에게 언제나 소중한 남동생이었다. 젤리는 이지도르보다 열 살이 더 많았는데, 언니 마리 도지테와 함께 남동생을 엄마처럼 보살폈다. 마리 도지테와 젤리는 각자의 자리에서 이지도르에게 신심에서 우러난 조언을 아끼지 않았다. 이지도르는 못 들은 체 하면서도 누나들의 조언을 감사히 여겼고, 결국 누나들의 말을 따랐다. 이지도르는 누나들의 취향과 완벽히 일치했던 셀린 푸르네와 1866년 혼인했다. 셀린은 착하고 독실했으며, 순수하고 성실했다. 마르탱 집 사람들은 모두 사려 깊은 셀린을 매우 아꼈다고 한다. 1875년 젤리는 이렇게 썼다. "셀린은 누구에게도 비할 데 없이 착하고 다정해. 마리도 셀린에게 전혀 결점을 보지 못했다고 했지. 나도 마찬가지야. …… 너에게 장담하는데 나는 셀린을 친자매처럼 사랑해. 셀린도 나를 그렇게 대하는 것 같아. 셀린은 우리 아이들에게도 엄마처럼 애정을 다하지. 우리 아이들에게 할 수 있는 한 모든 관심을 기울여."

이지도르는 리지외에서 장인의 약국을 물려받았다. 그리고 리지외 그리스도 신문을 운영할 정도로 지역 교회 생활에 더욱더 적극적으로 참여했다. 이지도르가 자리를 잡자 남매들의 관계도 균형을 이루었다. 젤리는 이지도르에게 이렇게 쓸 수 있었다. "너를 오래전부터 봐 왔어. 네가 나를 사랑한다는 것도, 네 마음씨가 착하다는 것도 알지. 만약 내가 너를 필요로 한다면 너는 나를 혼자 두지 않을 거야. 나는 그렇게 확신해. 우리 우애는 진실해. 미사여구로 이루어진 게 아닌 진짜 우애야. 우리 우애는 견고한 반석 위에 세워졌어. 시간도, 사람들도, 하물며 죽음도 절대 무너뜨리지 못할 거야." 젤리가 이지도르에게 보낸 모든 편지가 이 애정을 증명한다. 편지에서 젤리는 이지도르의 마음에 깊이 공감했다. 이지도르가 아이를 잃자 젤리는 마치 자신의 아이를 잃은 것처럼 슬퍼했다. 젤리는 동생 가족을 보러 며칠간 리지외로 떠나고 싶어 했다. 젤리 자신을 위해서기도 했지만 아이들을 위해서기도 했다. 리지외로 가는 것은 가장 아름다운 축제처럼 여겨졌다.

이지도르는 가족들에게 의학적인 조언도 해 주었다. 식구들은 사소한 모든 건강상의 문제를 이지도르의 판단에 맡겼으며 그를 절대적으로 신뢰하며 그의 조언을 들었다. 하지만 이 일은 항상 행복한 것은 아니었다. 마르탱 부부도 이지도르와 셀린 부부에게 금전적인 지원과 충고를 아끼지 않으며 할 수 있는 한 모든 도움을 주었다. 루이는 이지도르를 위해 고객들을 직접 찾아가기도 했다. 리지외와 알랑송을 오가기에는 거리도 멀었고 두 가족 모두 일과 육아를 병행해야 했다. 하지만 자주 편지를 주고받으며 끈끈한 관계를 이어 갔다. 젤리와 루이는 이지도르 부부의 편지를 읽고 또 읽었으며 식구들에게 전해 주었다. 젤리는 답장을 쓰려고 새벽에 일어날 때도 있었다. 동생 이지도르와의 관계는 젤리에게 너무나 중요했다. 젤리는 1875년에 이렇게 쓰기도 했다. "가정도 아이도 없었다면 나는 동생 가족을 위해서 살았을 거야. 내가 번 돈은 모두 동생 가족에게 주었을 거고. 하지만 이제 그렇게 할 수 없으니 선하신 하느님께서 대신 그렇게 해 주실 거야."

두 사람은 본당에 가고 여러 가톨릭 모임에 참여하며 친구들을 사귀었다. 친구가 많지는 않았지만 모두와 가깝게 지냈다. 친구들은 두 사람을 만나러 부부의 집을 자주 찾았다. 정감이 느껴지는 아담한 중산층의 이 집은 지금도 방문할 수 있다. 데레사에게는 첫 번째 집이였으며, 젤리에게는 마지막 집이었다. 젤리는 이렇게 말했다. "우리 집은 흠잡을 데가 없어. 남편은 내 마음에 들게끔 모든 물건을 배치했어."

한편 두 사람이 사교 모임에 가는 일은 극히 드물었다. 혼인한 지 얼마 지나지 않았을 때부터 이 젊은 부부는 대규모 저녁 파티에서 나누는 겉핥기식 대화보다는 친밀한 사람들과의 만남을 선호했다. 젤리는 사교계에서 일어나는 기행에 가까운 일들을 편지에 즐겨 썼다. "내가 아는 많은 젊은 부인들은 머리가 어떻게 된 것 같아. 정말 그런 사람들이 있다니까. 믿어지니? 유명한 축제 날에 입을 옷을 만드는데 알랑송이 아니라 르망에 있는 사람을 부르더라고. 알랑송에 있는 사람을 쓰면 어떻게 꾸밀지 미리 퍼트리고 다닐까 봐 걱정을 하는 거야. 진짜 웃기지 않니?" 젤리는 리지 외에 있는 동생 가족을 즐겁게 해 주려고 흥미로운 일들을 썼다. 그뿐 아니라 알랑송 생활 중 인상 깊게 느꼈던 장면들도 묘사했다. 하지만 자신의 단점도 인정할 줄 알았다. "Y부인을 비웃었다니 나도 비겁하지. 정말 후회해. 왜 그런지는 모르겠는데 그 부인에게는 정감이 안 가. 나한테 정말 잘해 주고 도움을 주는데 말이야. 나는 은혜를 모르는 사람들이 싫어서 나 스스로가 싫어져. 결국 나도 진짜 배은망덕한 사람에 지나지 않아. 정말 완전히 달라지고 싶어. 벌써 시작했어. 얼마 전부터 기회가 있을 때마다 그 부인에 대해 좋은 말만 해. 그 부인은 정말 훌륭한 사람이어서 그렇게 하는 건 정말 쉬워. 그 부인을 비웃는 나 같은 사람들보다 훨씬 가치 있는 사람이야!"

두 사람은 주변에서 일어나는 일에 주의를 기울였다. 일간지 〈라크루와*La Croix*〉를 읽으며 정치 관련 기사를 접했는데, 두 사람은 반교권주의 시기에 이런 정치적 상황을 주시했다. 가톨릭 신자들의 상황이 도마 위에 올라 있었다. 젤리는 파리 코뮌 동안 파리 대주교와 신부 64명이 살해당했다는 사실을 알고 충격을 받았다. 젤리는 불행을 예고하는 소리를 들으며 혁명이 일어날까 봐 몇 달 동안 두려워했다. 하지만 분별력 있던 젤리는 이내 안정을 되찾고 이렇게 말했다. "사람들이 말하는 소요는 일어나지 않아. 이제 나도 올해는 그런 상황이 벌어질 거라고 믿지 않아. 어떤 예언자도, 어떤 예언도 믿지 않기로 결심했어. 이제부터 많이 의심하는 사람이 될 거야."

젤리는 이런 경험을 한 뒤, 소위 정치에 대한 고민은 당시 사람들이 그랬던 것처럼 남편에게 넘겼다. 그리고 1874년에 이렇게 썼다. "우리 데레사 일 말고는 바깥일에는 신경 쓰지 않을 거야(데레사는 당시에 1살이었다)."

루이는 친구들과 처남 이지도르와 정치 문제를 토론하곤 했으며, 나중에는 데레사에게 자신의 정치적 견해를 가르쳐 주려고 노력했다. 데레사는 아빠 루이가 프랑스 왕이었다면 이 세상 모든 사람에게 가장 좋은 쪽으로 만사가 훌륭하게 돌아갔을 거라고 결론 내렸다. 하지만 루이는 정치에 직접 참여하지는 않았다. 오히려 불행한 주위 사람들을 돕거나 기도하고, 시위에 구체적인 도움을 주는 것을 더 선호했다. 1870년 전쟁 이후, 루이는 조국을 위해 기도를 드리려고 샤르트르로 가는 대규모 순례에 참여했다. 순례자 수는 2만 명이나 되었으며 밤새 미사가 계속 되는 지하 경당에서 자야 했다. 루이는 1873년 그곳을 다시 찾았을 때, 폴린에게 편지를 썼다. "소중한 우리 딸. 샤르트르 순례의 성공을 위해 열심히 기도해 주렴. 아빠도 순례에 참여할 거란다. 아름다운 프랑스의 수많은 순례자들이 은총을 얻기 위해 지극히 거룩하신 성모님 발아래 모이게 될 거야. 우리나라가 과거에 걸맞은 모습으로 일어서려면 많은 은총이 필요하단다."

1980년 6월 2일, 요한 바오로 2세 성인 교황이 리지외를 순례한 적이 있다. 그때 교황은 "교회의 큰 딸인 프랑스여, 여러분은 세례 때 한 약속을 충실히 지키고 있습니까?"라고 말했다. 만약 루이가 이 강론을 들었다면 몹시 감동하였을 것이다. 루이와 젤리가 살던 당시의 가톨릭 신자들은 반교권주의 좌파를 두려워하였지만, 주님께서 프랑스를 지지한다는 강한 확신이 있었다. 루이와 젤리도 신앙과 애국심이 충돌한다고 여기는 그 시절 신자였다. 오늘날은 반교권주의를 쉽게 상상할 수 없지만 당시에는 현실이었다. 루이는 1873년 루르드 순례에서 돌아오다가 가슴에 작은 빨간 십자가를 달았다는 이유로 리지외 역에서 욕설을 들어야 했다. 또 순례자들과 행렬을 이루어 돌아오다가 시장이 이를 금지했다는 이유로 경찰에 연행될 뻔도 했다. 가톨릭 신자와 반교권주의자 간의 갈등은 갈수록 첨예해졌다. 마르탱 가족은 이에 맞서 무력을 행사하지 않았다. 다만 묵묵히 신앙을 지키겠다고 다짐했을 뿐이다.

3장

모든 것은 하느님을 위해

Louis and Zélie Martin

루이와 젤리가 인생에서 지향했던 것은 바로 성덕에 이르는 것이었다. 젤리는 "성인이 되고 싶어."라고 말했고, 루이는 딸들에게 "그래, 나는 목표가 있어. 진심으로 하느님을 사랑하는 거야."라고 이야기했다.

그 시절의 성덕은 누구나에게 가능한 것이 아니었다. 자신을 봉헌하거나, 기적을 입거나, 순교하거나, 혹은 이 세 가지 모두 일어나는 것을 의미했다. 교회가 교회 안의 모든 이들이 보편적인 성화 소명으로 부르심 받았다고 말한 것은 제2차 바티칸 공의회에서였다. 마르탱 부부는 소박한 생활 안에서도 성덕에 도달할 수 있음을 보여 주었다. 두 사람도 젊은 시절에는 봉헌 생활을 꿈꾸

3장 모든 것은 하느님을 위해

었다. 하지만 평범한 일상에서 믿음과 사랑으로 하느님의 부르심에 응답하는 데에서 성덕이 온다는 것을 조금씩 배워 나갔다. 그들은 삶이 주는 기쁨에 감사하고, 삶의 십자가를 짊어지며 평범한 삶 안에서 하느님의 뜻을 찾았다. 그리고 그분께 모든 걸 내어 맡기고 신뢰하였으며, 이웃에게도 헌신했다. 그들의 영성은 화려한 면모를 지닌 일반적 성인들과는 다른 특별한 평범함 속에 뿌리를 내렸다.

두 사람은 성덕에 도달하기 위해 모든 방법을 다했다. 특히 성화되는 데 좋은 방법인 성사, 기도, 본당 생활에 충실히 임했다. 영성체는 그들 삶의 중심이자 하루를 여는 첫 일과였다. 그 당시 신자들은 흠 없는 상태에서 그리스도를 올바로 받아 모시고자 고민했다. 그러다 보니 자신을 성찰하여 양심의 가책을 느낄 때 성체를 모시지 못하는 경우가 종종 있었다. 그래서 미사에 자주 참례하여 성체를 모시는 것은 흔한 일이 아니었다. 하지만 루이와 젤리는 가능한 한 자주, 일주일에도 몇 번씩, 특히 매달 첫째 금요일에는 반드시 성체를 모셨다. 그들은 새벽 5시 30분에 아침 첫 미사를 갔다. 이웃들은 그들이 미사에 가는 소리를 듣고서는 "마르탱 부부가 성당에 가네! 조금 더 자도 되겠어."라고 말했다.

두 사람에게 미사 참례는 의무가 아니라 그리스도인 생활의 특권이었다. 특히 영성체는 행복이자 즐거움이었다. 부부는 아이들이 아주 어린 나이였을 때부터 이 행복과 즐거움을 아이들에게 전해 주었다.

몇 주 전 일요일에 (어린 데레사와) 산책을 했어. 그날 데레사는 미사에 가지 않았어. 데레사는 미사를 '미다'라고 발음했지. 집에 왔는데 데레사가 '미다'에 가고 싶다고 말하면서 날카롭게 소리를 질러 댔어. 그러더니 문을 열고 성당 쪽으로 뛰쳐나갔어. 밖에는 폭우가 쏟아지고 있어서, 데레사를 돌아오게 하려고 쫓아갔는데 데레사가 외치는 소리가 한참 동안 계속 들렸어. …… 데레사가 성당 안에서 나에게 큰소리로 말했어. "나, 미다에 있어, 여기! 나 착한 하느님한테 기도 많이 했어."

미사 참례는 마르탱 가족에게 생명을 위한 필수품이자 휴식이며 축제였다. 피곤하거나 고민이 있더라도 미사에 빠지지 않았다. "오늘 아침에는 잠결에 옷을 입고 걸어간 것 같아. 첫 미사에서 기도드릴 때도 비몽사몽이었어. 잠결에 무릎을 꿇었다가 일어섰다가 앉았다가 했다니까." 또는 이런 일도 있었다. "다른 생각에 푹 빠진 바람에 강론 주제가 무엇이었는지 모르겠어." 방심하거나 조는 것은 젤리의 주특기였지만, 그럼에도 미사 안에서 은총을 받았다. "오늘 아침 미사 중에 끔찍한 생각이 들어서 정말 놀랐어." 젤리는 아이를 잃어버릴까 봐 두려워했다. 하지만 곧바로 이 미사에서 다음 결실을 거두었다고 말한다. "최선은 선하신 하느님의 손에 모든 것을 맡기는 거야. 그리고 하느님의 뜻에 우리를 내어 맡기고 앞으로 일어날 일을 침착하게 기다리는 거란다."

마르탱 부부의 성덕은 성체를 중요하게 여기는 자세에도 드러난다. 아이들 역시도 늘 성체를 모시는 준비에 최선을 다했다. 그 예로 첫영성체를 충실히 준비할 수 있다는 이유 하나만으로 레오니를 성모 마리아 방문 수녀회 기숙사로 보냈다. 사소한 일상은 모두 하느님을 맞이하기 위한 준비 과정이었다. "매일, 매 순간 준비하는 거야."

중요한 일도 마찬가지였다. "지난 화요일에는 그 아이를(레오니를) 세Séez 마을의 원죄 없는 잉태 순례에 데려갔어. 아이가 첫영성체를 잘 모실 수 있게 해 주려고 말이야." 젤리는 준비 과정에서도 은총을 받는다는 것을 알았다. 젤리는 정성을 다해 첫영성체를 준비하는 레오니를 바라보며 이렇게 말했다. "선하신 하느님이 축복해 주시기를!" 준비 과정은 매번 영성체를 모신 후 드리는 감사기도와 떼려야 뗄 수 없었다. "오늘 아침에는 미사를 세 번 참례했어. 6시 미사에 갔고, 7시 미사에서는 감사를 드리고 기도를 바쳤어. 그리고 창唱미사를 참례하러 갔어." 무엇보다 미사가 우선이었고, 다른 일은 미사 시간을 고려하여 정했다.

폴린, 네가 집에 있으면 더 어려워질 거야. 너는 밤늦게 잠들어서 아침에 푹 자는 걸 좋아하잖니. …… 그래서 너희 둘(마리와 폴린)을 서로 다른 (미사) 시간에 데려갈까 생각해 봤어. 엄마가 두 미사 시간 사이에 알랑송 가게 문을 열지 않으면 될 것 같아. 가게 문을 열면 엄마는 더 정신이 없을 테니까. 자, 그럼 이렇게 하자.

루이와 젤리는 미사에 충실했다. 훗날 투병 중에도 마지막 힘을 다해 성체를 모셨다. 인간을 위해 자신을 낮추신 하느님의 형용할 수 없는 신비를 깨달았기에 이 신비를 사랑했다. 그래서 미사를 무한히 존중했다. 두 사람은 그 점에서 성찬 전례가 가장 강력한 기도임을 알아보았으며 살아 있는 사람뿐만 아니라 고인을 위해 끊임없이 성찬 전례의 힘을 빌렸다. 젤리는 동생 이지도르가 시험에 합격하자 본인이 합격을 바라는 미사를 바쳤기 때문이라며 유머러스하게 그 공을 돌렸다. 마르탱 부부는 세상을 떠난 고인을 위해 꽃을 준비하기보다 미사를 봉헌하기를 선호했다. 두 사람은 삶의 중요한 모든 지향을 미사에서 바쳤다. 루이는 알랑송 모임의 친구들과 매달 하룻밤씩 돌아가며 성체 조배에 참여했다. 루이에게는 소중한 시간이었기에 나중에 리지외에서도 그 모임을 만들었다.

마르탱 부부는 모든 성사에 각별한 존중심을 담아 임했다. 아기가 태어났을 때도 바로 세례를 받았으면 했다. 두 사람은 그리스도의 죽음과 부활 속으로 지나가게 하는 세례가 아기의 영혼을 구원한다고 진심으로 믿었다. 그들의 눈에 구원은 생명보다 더 가치 있었으며, 언제나 하느님을 먼저 섬겼다.

두 사람 모두 정기적으로 고해성사를 보았다. 부부는 고해성사가 신의 자비를 얻을 수 있는 특권이 담긴 도구임을 알아보았다. 그래서 마지못해 성사를 보는 일은 없었다.

마르탱 부부는 본당에 많은 애착을 가졌다. 두 사람은 본당에서 진행하는 전례 축일, 성체 행렬, 강론과 피정, 전교에 항상 참여했다. 강론자가 누구이든, 유명세를 가리지 않았다. "일주일 전부터 두 명의 선교사에게 하루 3번씩 강론을 들어. 내 생각에는 두 사람 다 강론을 잘 못해. 어떤 사람들은 의무감으로 강론을 듣지만 나는 의무감에 더해서 고행을 한다고 생각하며 듣고 있어."

주일에는 온 가족이 창미사와 저녁 미사에 참례했고 가끔은 밤 미사까지 드렸다. 루이와 젤리는 전례의 아름다움에 감탄했다. 그래서 젤리는 예전과 달랐던 어느 해의 성모 성월 행사를 보고 이렇게 평했다. "우리가 들은 건 노래라고 할 수 없어. 감미로운 노래이기는 했는데 하나도 알아들을 수가 없었어. 카페에서 하는 공연을 보는 기분이었어. 그래서 전례란 이런 게 아닌 데 하는 생각이 들더라. 그래도 점차 발전하고 있다는 점을 높이 평가하고 싶어."

루이와 젤리는 많은 신앙 단체에 참여하였는데, 아이들도 단체에 가입하도록 했다. 단체와 평신도 회의에서는 매달 특별한 지향을 놓고 기도를 하는 소모임을 만들었다. 이 모임은 의무였다. 젤리는 이 모임에 열심히 참여하지는 않았다고 고백했다. 하지만 충실하고자 끊임없이 노력했다. 젤리는 근처 클라라회 수도원* 도 자주 찾았다. 젤리는 재속 프란치스코회 회원이기도 했다. 그러면서 아시시의 프란치스코 성인의 영성에 빠져들었다. 엄격한 가톨릭 가정에서 자란 젤리에게 프란치스코 성인의 영성에 담긴 자유

---

*프란치스코회, 클라라회, 재속 프란치스코회 등을 통칭하여 '프란치스코회 가족'이라고 한다.
— 편집자 주

의 즐거움은 도움이 되었다. 이 즐거움은 '신앙은 엄격한 것'이라는 생각을 벗어나도록 해 주었다. 젤리는 재속 프란치스코회 모임에 참석했고 클라라회 수녀들에게 깨달음과 기도를 청했다. 젤리는 프란치스코회 가족에게 우정을 느꼈고, 루이도 이런 젤리의 우정에 나름대로 협력했다.

루이와 젤리는 일상에서도 늘 기도했다. 두 사람 모두 혼자서 조용히 일할 수 있는 직업에 종사했으므로 묵상을 할 수 있었고, 기도 시간도 규칙적이었다. 아이들이 잠들고 하루의 마지막 일과가 끝나면 주님께 마침 기도를 드리는 것을 잊지 않았다.

누가 특별한 지향을 부탁하면 젤리는 늘 기도했다. 예수 성심께 9일 기도를 바치기도 했고, 상황에 따라 요셉 성인을 비롯한 다른 성인에게도 전구해 달라고 기도를 바쳤다. 하느님의 마음을 향해 하나 되어 바치는 기도의 힘을 알았기에, 가족들에게 자주 같이 기도를 바치자고 했다. 이 부부에게 묵주 기도는 영광스러운 기도였다. 젤리는 어느 날 친구 필로멘 테시에르에게 솔직한 마음을 털어놓았다. "아무도 모르게 성당 밑에서 묵주알을 굴리는 순수하고 선량한 여인이었으면 좋겠어." 일과 육아 사이에서 기도를 드릴 시간은 무척 부족했다. 하느님을 갈망하는 영혼인 젤리에게는 큰 고통이었다.

한편 루이는 순례를 하며 기도하기를 좋아했다. 루이는 은총을 간청했고 또 그만큼 주님에게 감사를 드렸다. 기도는 루이의 삶에서 점점 더 많은 자리를 차지했다.

신심이 더욱 깊어지며 두 사람은 고행이 필요하다는 확신을 가졌다. 두 사람은 교회에서 정한 단식을 양심적으로 모두 지켰다. 그리고 여기에 두 사람만의 절대적인 약속을 더해 점심까지 아무것도 먹지 않았고, 저녁에는 유동식만 먹었다. 물론 젤리가 임신을 했을 때는 예외였다. 다른 사람에게도 그렇겠지만 단식은 이 부부에게도 쉽지 않았다. 젤리도 그렇다고 인정했다. "우리는 한창 고행 중이야. 다행히 곧 끝날 때가 됐어. 단식과 금육재는 정말 힘들어! 그렇게 혹독한 고행은 아니라고 하지만 나는 위도 약하고 힘도 너무 없어. 그래서 내 몸이 하는 말을 듣는다면 단식과 금육재는 하고 싶지 않아."

고행이라는 단어는 지금의 시대상과는 잘 맞지 않는 느낌이다. 하지만 고행은 결실을 주곤 한다. 《가톨릭 교회 교리서》는 그리스도인의 성덕에 대해 이렇게 말한다. "완덕의 길은 십자가를 거쳐 가는 길이다. 자아 포기와 영적 싸움 없이는 성덕도 있을 수 없다. 영적 진보는 참행복의 평화와 기쁨 안에서 살도록 점차적으로 인도하는 고행과 극기를 내포한다."

이처럼 루이도 조용하고 결연하게 고행을 실천하였다. 그는 담배를 피우거나, 다리를 꼬거나, 식사 시간 외에 물을 마시거나, 따뜻한 불 옆에 가까이 가지 않았다. 여행을 할 때도 3등석을 탔으며, 값싼 빵을 먹었다. 사소한 행동이었지만 이로써 루이는 물질적인 것에서 자유로워질 수 있었다. 아버지의 엄격함에 놀란 딸 마리에게 루이는 "영성체를 자주 모셔서 그런 거란다."라고 대답했다. 하느님을 먼저 섬겨야 한다는 생각은 루이의 전부였다. 하느님과 함께하는 생활은 일과 내내 계속되었다. 이 삶은 루이와 젤리의 일, 육아, 사회생활에 단비를 내려 주었다. 그들의 좌우명은 다음 문장이었을지도 모른다. '마음은 하느님 안에, 두 발은 땅 위에'.

피아트 신부는 마르탱 부부의 영성을 세 가지 원칙으로 정의했다. 주님을 향한 순명, 주님의 섭리에 대한 믿음, 주님의 뜻에 내어 맡김.

두 사람은 언제나 하느님을 최우선으로 생각하고 살았다. 그리고 하느님의 위대함과 사랑을 분명히 알았다. 또한 하느님께서 우리의 근원이시자, 유일한 진실이며 목표라는 것을 계속해서 마음에 간직했다. 젤리는 라므네의 글을 외우고 딸들에게 자주 읊어 주었다. "오! 제 갈망이 이미 느끼는 이 세상의 신비를 제게 말해 주세요. 이 땅의 어두움에 지친 제 영혼은 그 신비 안에 잠기기를 열망해요. 이 세상을 만들고 자기 자신으로 그 안을 채우신 그분에 대해 제게 이야기해 주세요. 그분이 제 안에 파놓은 거대한 공허함은 오로지 그분만이 채울 수 있어요……." 또한 두 사람 모두 아우구스티노 성인의 유명한 문장을 자주 언급했다. "당신은 당신을 위해 우리를 만드셨습니다, 저의 하느님. 당신 안에 있지 않는 한 우리 마음은 쉬지 못합니다."

루이와 젤리는 지상에서도 행복을 맛보았지만, 완전한 행복은 오로지 천상에 있다고 생각했다. 두 사람의 시선은 끊임없이 하늘을 향했다. 데레사도 그렇다고 말했다. "부모님의 모든 행동과 갈망은 하늘나라를 향했습니다." 젤리의 편지들을 보면 두 사람의 삶에서 이 갈망이 어떤 무게감을 차지했는지 발견할 수 있다. 신혼 초에 젤리는 이지도르에게 자신의 경험을 담아 이렇게 썼다. "(성모님은) 네가 이 세상에서 성공하게 하실 거야. 그러고 나서 너에게 영원한 행복을 주실 거야." 젤리는 지상의 모든 행복을 거부하는 탈육체적 영성을 따르지 않았다. 누구나처럼 지상에서의 행복을 바랐다. 하지만 이미 그동안 경험했던 죽음과 걱정, 질병으로 마음이 굳건히 단련되어 있었다. 젤리는 생이 저물어 갈 무렵, 이런 이야기를 남겼다.

"(성모님은) 베르나데트에게 말씀하신 것처럼 우리 모두에게 말씀하셨어. '나는 너희를 행복하게 만들 것이다. 하지만 이 세상에서가 아니라 다른 세상에서이다.'"

젤리는 삶 안에서 십자가의 무게를 느꼈고, 우리가 행복을 찾도록 해 주는 그분들의 마음을 거스르지 않았다. 또한 현실적으로 이 세상에서 진정한 행복은 가능하지 않다고 믿었다. "진정한 행복은 이 세상의 것이 아니야. 그런데 우리는 이 세상에서 진정한 행복을 찾느라 시간을 낭비해." 이것은 젤리의 편지에서 반복되는 주제이다. 여기서는 빠지지 않는 요소가 있는데, 바로 천상에서의 행복을 희망하는 것이다. "지상에서 행복을 발견할 수 없는 이유는 지혜로우신 하느님이 그것을 원하셨기 때문이야. 하느님께서는 지상이 우리를 위한 진정한 곳이 아니라는 것을 기억하기를 바라서." 이처럼 마르탱 부부는 행복을 물질주의가 만연한 지상에서 행복을 찾지 않았다. 그들은 진정한 행복이 하늘나라에 있다고 강조한다. 하늘나라는 낯선 현실이나 미래가 아니며, 그곳은 하느님께서 몸소 사시는 곳이다. 사실 하늘나라는 이미 우리 안에 있다.

마르탱 부부에게 하느님은 멀리 계신 분이 아니라 오히려 그 반대였다. 마르탱 부부는 이렇게 표현했다. "내 모든 믿음이 향하는 분이자 내 사업의 안녕을 손에 쥐고 계신 선하신 하느님께서 나와 남편에게 해 주신 일들을 생각해 보면, 그분이 당신의 섭리로 자녀를 각별히 아끼며 돌보신다는 것을 의심할 수 없어.", "나는 선하신 하느님이 나를 돌보신다는 것을 알아."

마르탱 가족에게 하느님은 가족의 일원인 '선하신 아버지'였다. 그들은 아무리 고통스러운 시련 속에 있을지라도 그분의 가호 아래서는 어떠한 나쁜 일도 일어나지 않음을 알았다. "주님 안에서 희망하는 사람은 절대로 혼란스럽지 않을 거야."라는 이 말은 가족의 가훈이 되었다. "선하신 하느님께서는 우리가 감당할 수 있는 것만 주신다."라는 문장도 있었다. 그 시절 흔한 표현이었던 "하느님께서는 시련을 '주지' 않으시고 다만 '허락'하신다."를 바꾼 말이었다. 마르탱 부부는 하느님께서는 화를 내면서 모욕하고 앙갚음을 하기는커녕 사랑으로 보살펴 주시는 분임을 알았다. 두 사람은 혼인, 아이들, 사업의 성공 같은 인생의 큰 은총 속에서 하느님의 손길을 알아보았다. 두 사람이 결정한 일에서도 그랬다. 그 선택이 하느님의 섭리로 봤을 때도 옳다고 생각되면, 하느님께서 영감을 주시고 이끌어 주셨다고 확신하며 감사를 드렸다. 하느님께서는 늘 언제나 그들 가까이에 계셨다. 하루는 이런 일이 있었다. 젤리가 미사에 가려고 아기 데레사를 재우면서, 침대 가장자리에 요람을 고정하는 것을 잊고 말았다. 매일 아침 하던 일인데도 불구하고 깜빡 잊은 것이다. 집에 돌아온 젤리는 깜짝 놀랐다. 데레사가 침대 맞은편 의자에 앉아 있었던 것이다. 분명 아기 혼자서 그렇게 움직일 수는 없었다.

데레사가 어떻게 요람에서 벗어나 의자에 앉아 있었는지 도무지 모르겠어. 데레사를 눕혀 놨었거든. 나는 데레사에게 아무 일도 일어나지 않게 해 주신 선하신 하느님께 감사를 드렸어. 이건 정말 하느님의 섭리야. 데레사는 바닥을 굴러다녔을 수도 있어. 데레사의 착한 천사가 데레사를 돌봐 주었고 연옥 영혼들이 우리 데레사를 보호해 준 거야. 나는 매일 연옥 영혼들에게 데레사를 위해 기도를 바쳤거든. 그래, 나는 이렇게 정리하기로 했어……. 주님, 당신께서 원하시는 대로 해 주세요!

이처럼 루이와 젤리는 인생의 소소한 일에서도 하느님의 자애로움을 알아보았고 감사를 드렸다. 하느님의 섭리는 두 사람이 경험하고 의지하는 현실이었다. 루이와 젤리는 모든 것을 점점 더 하느님의 손에 맡겼다. 태어날 때부터 그랬던 것이 아니라, 삶 안에서 성인이 되어 갔던 것이다. 1876년 편지에서 젤리는 스스로 이 변화를 감지했다.

1860년 12월 8일을 잊을 수 없어. 작은 폴린을 한 명 보내 달라고 천상의 어머니 성모님에게 기도드렸던 날이거든. 그때를 생각하면 자꾸 웃음이 나와. 엄마에게 인형을 사 달라고 떼쓰는 어린아이 같잖아. 사실 나도 그렇게 생각했지. 나는 내가 원하던 모습 그대로의 폴린을 갖고 싶었어. 성모님이 내가 바라는 것을 잘 이해하지 못하실까봐 그 부분을 더 강조해서 기도드렸지.

이 편지에서 보듯, 젤리는 자신의 청을 주로 기도했다. 하지만 인생의 우여곡절을 겪으며 더 깊은 깨달음을 얻게 되었다. 하느님께서는 나보다 나를 더 잘 알고 계시며, 말하지 않아도 무엇이 필요한지 알고 계신다는 것을 깨닫게 된 것이다. 이처럼 젤리는 하느님의 자애로움도 경험했다. 물론 젤리는 스스로의 삶을 영위할 능력이 있는 독립적인 여성이었다. 그러면서도 선하신 하느님의 뜻에 자신을 내어 맡겼다.

그전의 젤리의 기도는 마치 어린아이처럼 조금은 자기중심적인 청을 드리는 기도였다. 하지만 이 사실을 깨달은 후로는 성모님처럼 "피앗Fiat(그대로 제게 이루어지소서)"이라고 말하게 되었다. 어린아이처럼 떼를 쓰는 것이 아니라, 그분의 자애로움에 자신을 의탁하며 믿을 줄 아는 겸손한 '아이'가 된 것이다. "아버지 뜻대로 저에게 이루어지기를 바랍니다." 나중에 데레사도 이렇게 표현했다. 부모의 경험이 좋은 본보기가 되었던 것이 틀림없다.

루이와 젤리는 그 어떤 일에서든 하느님의 뜻이 드러난다는 것을 알았다. 그래서 이 뜻을 따르기 위해 끊임없이 자신의 뜻을 단념하였다. 이는 당시 흔히 볼 수 있는 태도는 아니었다. 성급한 이들은 자신의 뜻을 단념하는 것이 자유를 상실하는 것이라고 혼동했다. 마르탱 부부의 사례는 바로 이 점을 설명해 준다. 두 사람은 가장 큰 자유란 이기적인 결함이 담긴 자유 의지를 따르는 게 아니라, 아버지 하느님의 뜻에 예속된 상태라고 가르쳐 준다. 진짜 노예는 죄에 예속된 사람이다. 이 유일한 속박에서 벗어난 두 사람은 자유롭게 사랑할 수 있었고 이 자유를 **빼앗기지** 않을 수 있었다. 마르탱 부부는 인생에서 큰 고통을 마주하더라도 계속해서

"피앗Fiat."이라고 말했다. 고통과 마주하며 하느님의 사랑 안에서 그 고통을 감내하겠다는 의미이다.

젤리는 이렇게 썼다. "불행한 일이 현실로 나타나면 나는 완전히 단념하고 선하신 하느님이 도와주실 거라고 믿고 기다려." 카데오 박사는 마르탱 부부가 '단념'이라는 용어를 자주 썼던 것에 대해 연구하였다. '단념'은 한 세기 만에 그 의미가 달라졌기 때문에 오늘날 혼동을 불러일으키는 말이다.

젤리는 그리스도의 십자가와 일치하며 고통의 현실을 받아들였다. 이를 표현하기 위해 젤리는 19세기 자주 쓰였던 '단념'이라는 단어를 사용한다. 로베르 사전을 보면 이 단어의 동의어가 포기, 복종, 초탈, 회피, 체념임을 알 수 있다. 젤리에게 '단념'은 정적주의자들로* 인한 무기력도, 고통을 위한 고통의 가치를 믿는 이들의 고통주의를 말하는 것도 아니다. 초탈, 회피, 체념은 더더욱 아니다. 나중에 이 단어를 몇 차례 썼던 딸 데레사도 그랬지만 젤리에

---

*인간의 능동적인 의지를 최대로 억제하고 권인적인 신의 힘에 전적으로 의지하려는 수동적 사상을 말한다. — 역주

게 '단념'은 하느님의 사랑에 스스로를 자발적으로 내어 맡기는 것이다. 젤리는 이를 통해 천상에 대한 희망 안에서 고통을 겪겠다고 받아들인다.

하느님의 뜻에 내어 맡기는 것, 역경 속에서 자신의 뜻을 단념하는 것은 마르탱 부부에게 수동적인 태도가 아니었다. 이 부부는 영성의 핵심을 봉헌에 두었다. 베네딕토 16세 교황이 회칙 〈희망으로 구원된 우리〉에서 설명한 것처럼 두 사람은 모든 고통을 주님에게 봉헌했다.

이러한 신심은 끊임없이 우리를 성가시게 공격해 오는 일상의 사소한 어려움들을 '봉헌'함으로써 의미를 지니게 한다는 생각을 담고 있었습니다. 물론 이 신심에는 과장됨이 있었고 건전하지 못하게 적용되기도 하였지만 그래도 그 안에는 본질적이고 유익한 점이 있지 않았는지 자문해 볼 필요가 있습니다. 무언가를 '봉헌한다'는 것은 무슨 뜻입니까? 무언가를 봉헌한 사람들은 이 자잘한 어려움들을 그리스도의 위대한 연민com-passio에 결합시킬 수 있다는 것을 굳게 확신하고 있었고, 그럼으로써 인류가 절실하게 필요로 하는 연민의 보고를 이루는 데에 일조할 수 있었습니다. 이렇게 해서 일상 생활의 작은 불편함마저도 의미를 얻고 선과 인간 사랑의 경륜에 이바지할 수 있었습니다. 아마 우리는 이러한 신심을 되살리는 것이 적절한지 그렇지 않은지 고려해 보아야 할 것입니다.

마르탱 부부는 영혼의 구원을 위해 일상의 사소한 불편함을 봉헌하는 습관을 들이면서, 큰 역경을 봉헌할 수 있게 되었다. 그리고 더 나아가서는 그들 자신을 봉헌할 수 있었다. 부부는 아이들에게 이 영성을 물려주었고, 데레사야말로 완벽한 예시이다.

마르탱 부부는 성모님에게 자녀로서의 사랑을 바치고 매일 기도드리고, 가능한 한 모든 방법을 다해 성모님을 공경했다. 두 사람은 스카풀라를 걸치고 다녔는데, 이 스카풀라는 사후에 그들을 매장할 때에도 손상되지 않은 유일한 옷이었다. 또한 아이들도 스카풀라를 걸치고 다니며 성모님의 외투 아래서 보호받기를 원했다. 마르탱 가족은 매일 저녁 기도를 하기 위해 성모상 주위로 모였다. 이 성모상은 오늘날 유명해져서 '미소의 성모상'이라는 이름으로 공경받는다. 지금은 리지외 가르멜회에 봉안된 아기 예수의 데레사 성녀의 성골함 위에 놓여 있다. 이 성모상은 90센티미터 정도의 높이로, 베일은 걸치지 않았으며 자녀들을 맞이하고 은총을 나눠 주기 위해 두 팔은 활짝 펼치고 있다. 루이와 젤리는 이 성모상을 마음 깊이 사랑했다. 성모상의 손가락에 하도 많이 입을 맞추는 바람에 손가락은 때마다 새것으로 갈아야 했다. 마리가 이 성모상이 너무 크다면서 바꾸자고 하자 젤리가 소리쳤다. "엄마가 살아 있는 한 이 성모상은 여기서 밖으로 절대 나갈 수 없어!"

성모 성월인 5월에는 이 성모상에 특별한 장식을 했다. 루이는 성모상이 꽃잎으로 둘러싸인 모습을 보고 싶어 했다. 어느 날 성모상 장식을 맡은 마리가 신경질을 냈다. "엄마는 너무 어려워요. 성모님보다 더 어렵다고요! 가시나무를 천장까지 닿게 올려야 하고 벽은 풀로 장식해야 하고, 이것도 해야 하고, 저것도 해야 하고 또……." 젤리는 성모님을 너무나 사랑했기에 아무리 아름답게 장식해도 부족하다고 여겼다.

다음 장부터는 마르탱 부부가 딸들을 어떻게 교육했는지 살펴볼 것이다. 마르탱 부부의 자녀 교육은 부부의 영성으로 가득 차 있었다.

4장

부모의 소명

Louis and Zélie Martin

마르탱 부부에게 자녀 교육은 소명이자 행복이었다. 젤리는 감탄했다. "나는 아이들이 정말 너무 좋아. 아이들을 낳기 위해 태어났나 봐." 두 사람은 처음부터 대가족을 꿈꿨다. 젤리는 1868년 이렇게 썼다. "앞으로 태어날 수 있는 아이들 수를 세지 않더라도 우리는 아이들이 벌써 5명이야. 하지만 서너 명을 더 낳더라도 불행한 일이 아니야!" 임신은 매번 기쁨이었고, 태어나는 아이는 매번 천상의 선물이었다. 두 사람은 모든 부모가 느끼는 기쁨과 자부심을 맛보았다. 젤리는 폴린에 대해 이렇게 썼다. "아이가 얼마나 착하고 상냥한지 모를 거야. 따로 시키지 않아도 언제나 사람들을 안아 줘. 선한 예수님에게도 입맞춤을 보내지. 폴린은 아직 말은 못하지만 다 이해해. 이런 아이는 어디에도 없을 거야…….”

젤리의 편지들은 엄마로서 느끼는 행복으로 가득하다. “오늘 큰 아이와 작은 아이가 한껏 몸단장을 했어. 그 모습을 네가 봤었다면 좋았을 텐데. 모두가 아이들에게 감탄한 것 같았고 눈을 떼지 못했지. 나도 기뻐하면서 거기 있었고 이렇게 혼잣말을 했어. ‘우리 아이들이예요!’”

편지는 가족이 느꼈던 기쁨의 장면들로 여기저기 장식되어 있다. “새해 첫날에 우리 아기 조제프를 보게 되서 행복해. 새해 선물로 조제프를 왕자님처럼 입혔어. 얼마나 멋지고 또 얼마나 크게 웃으며 좋아하던지 너희들도 봤다면 좋았을 텐데! 남편은 ‘조제프를 성인상을 안고 옮길 때처럼 조심히 데리고 산책시킬게요.’라고 말했어.” 두 사람은 양육의 어려움도 실감했다. 쉬지 않고 내리 울어 대는 아기를 감당하기, 자매들끼리 하는 말다툼, 밤에 두 시간밖에 못 자기……. 하지만 젤리는 이를 감당해야 할 소소한 대가라고 생각했다. “자신의 아기를 돌보는 건 정말 기분 좋은 일이야!”

마르탱 부부는 항상 아이들을 먼저 생각했다. 젤리는 남동생 이지도르 부부에게 이렇게 썼다. “나처럼 아이들을 많이 기르려면 많이 희생해야 돼. 또 하느님의 일꾼으로 새로 뽑힌 이 아이들이 하늘나라를 풍요롭게 하리라는 희망을 가져야 해."

첫 번째 데레사를 출산한 후 젤리는 유모로 고용한 여성을 돕기 위해 새벽 6시에 일어났다. 또한 아이들을 보살폈으며 레이스 일감도 보냈다고 썼다. 그리고 이렇게 끝을 맺었다. "너희들은 내가 아직도 허약한 사람이라고 생각하겠지? 그렇지만 생각보다 허약한 건 아닌 것 같아." 젤리는 할 일을 다 하면서도 아이들과 놀아 줄 시간을 만들었다. "아이처럼 어린이용 게임에 빠졌어. 어린애처럼 행동한 대가를 톡톡히 치러야 했지. 급하게 보내야 할 일감이 있었거든. 게임에 빼앗긴 시간을 만회하려고 새벽 한 시까지 일어나 있었어."

젤리는 얼마 안 되는 여가 시간에도 딸들에게 의무를 다하려고 했다. 큰 딸들을 알랑송 전시회에 데려간 적도 있었다. 하지만 나중에 젤리는 알랑송 전시회가 너무 지루했다고 털어놓았다. 루이도 젤리 못지않게 적극적이었다. "루이가 (데레사를) 위해서 밤낮없이 희생하는 걸 보면 정말 믿기지 않아." 루이와 젤리는 이것저것 따지지 않고 희생했다. "우리는 아이들을 위해서만 살았어."

하지만 아이들 9명 중 마르탱 부부에게 남은 아이는 6명뿐이었다. 죽음은 나머지 아이들을 루이와 젤리의 품에서 너무 일찍 앗아갔다. 부모의 행복과 소명을 일깨운 첫째 아이는 1860년 2월 22

일에 태어난 딸 마리였다. 마리는 아주 일찍부터 고분고분한 성격은 아니었다. 피아트 신부는 마리에 대해 이렇게 묘사한다. "독립적이고 한껏 자유를 즐기지만 대단히 섬세하며 복잡한 건 질색하는 아이였다. 주관이 뚜렷하고 솔직하며 남다른 재치도 있으나 가끔은 소심해져서 야생마 같거나 수수께끼를 품은 것 같았다."

1861년 9월 7일에는 폴린이 태어났다. "폴린은 너무 활발해서 자제가 필요했지만 엄마처럼 다정하고 쾌활했다. 엄마처럼 강직하면서도 명석한 성품이 잘 어우러져서 권한을 행사할 일을 맡을 운명을 타고난 것 같았다." 마리와 폴린은 어느새 떨어질 수 없는 사이가 되었다. 루이는 성격상 마리를 더 가깝게 느꼈지만, 젤리의 편지를 보면 젤리는 폴린에게 유달리 애정을 느꼈음을 알 수 있다. 마르탱 부부는 마리와 폴린을 편애하는 것을 다른 아이들에게 감추지 못했다. 그래서 다른 아이들도 그렇고 마리와 폴린도 이 때문에 가끔은 상처를 입었다. 폴린은 사춘기 시절에는 엄마의 가장 친한 친구로서 제 역할을 다해야 했다. 쉬운 일은 아니었다. 그래도 루이와 젤리는 모든 아이를 사랑했다.

두 사람은 1863년 6월 3일에 태어난 셋째 딸 레오니에게 노력을 아끼지 않았다는 데서 이를 엿볼 수 있다. 첫째와 둘째 딸과는 달리 레오니는 태어났을 때부터 키우기 어려워 보이는 아이였다. 건

강 때문에도 그랬지만 성격 때문에도 그랬다. 하지만 루이와 젤리는 절대로 용기를 잃지 않았다.

1864년 10월 13일에는 엘렌이 태어났다. 사랑스럽고 예쁜 아이였던 엘렌은 루이와 젤리의 자랑이었다. 뒤이어 조제프 루이, 조제프 장 바티스트, 멜라니 데레사, 이렇게 3명의 아이들이 태어났지만 모두 1살을 넘기지 못했다. 그래서 1869년 4월 28일 셀린이 태어났을 때 기쁘긴 했지만 걱정을 하지 않을 수 없었다. 몸이 약했고 세심했던 셀린은 대단히 똑똑했다. 1873년 1월 2일에는 데레사가 태어났다. 셀린은 여동생 데레사와 곧바로 떨어질 수 없는 사이가 되었다.

데레사의 이름을 정하는 것을 놓고 한바탕 소동이 벌어지기도 했다. 마르탱 가족은 아들이건 딸이건 아기를 우선 '마리'라고 불렀다. 아이들을 기르는 데 있어서 성모님의 가호가 반드시 필요하다고 여겼기 때문이다. 일이 복잡해진 건 그 이후였다. 데레사를 임신한 젤리는 아기가 힘이 좋으니 아들일 거라고 짐작했다. 마르탱 가족은 성모님만큼이나 요셉 성인도 사랑했다. 그래서 젤리는 아주 자연스럽게 아기에게 조제프라는 이름을 붙이겠다고 생각했다. 마르탱 집안의 아기 중에 세 번째로 조제프라는 이름을 가질 아이였다.

하지만 마리 도지테 수녀는 자신의 수호성인인 프란치스코 살레시오 성인의 이름을 가족에게 남기고 싶어 했다. "아기가 태어나기 전이지만 아들인 것 같다고 하니까 조제프가 아니라 프랑수아라는 이름을 지어 주었으면 좋겠다고 언니가 편지를 보냈어. 언니는 우리가 아기들에게 조제프라고 이름을 지어 주었기 때문에 착한 요셉 성인이 아기들을 전부 데려갔다고 생각하는 것 같아!" 젤리는 곧바로 답장을 썼다. "우리 아들이 죽든 살든 그 아기는 조제프라고 부를 거야!" 하지만 이 아기의 성별은 딸로 밝혀졌다. 젤리는 조금 양보하여 아기의 이름을 마리 프랑수아즈 데레사라고 지었다. 단, 평소에는 그냥 데레사로 부르기로 했다. 하지만 데레사도 병에 걸리고 말았다. 마리 도지테 수녀는 이 소식을 전해 듣고 프란치스코 살레시오 성인에게 열심히 기도를 드렸다. 그리고 이 아기가 낫는다면 아기의 이름을 프랑수아즈라고 부르겠다고 맹세했다. 마리 도지테는 젤리에게 편지를 써서 만약 아기의 이름을 프랑수아즈라고 하지 않으면, 관에 들어갈 수 밖에 없을 거라고 조심스럽게 말했다. 하지만 마리 도지테가 맹세를 하기 훨씬 전부터 데레사는 병에서 호전되었다.

젤리는 언니가 한 일에 감정이 상한 나머지 이렇게 편지를 썼다. "아기 이름을 뭐라고 부르든 프란치스코 살레시오 성인이랑 무슨 관련이 있다는 거야? 언니 뜻을 거절하면 아기를 죽게 내버려 두는 거라니 말도 안 돼!" 결국 이름은 '데레사'로 정해졌다. 젤리는 편지를 이렇게 끝맺었다. "나는 언니 마음을 아프게 하고 싶지 않아. 언니는 정말 좋은 사람이고 우리를 정말 사랑하니까! 그래도 이번에는 언니 때문에 놀랐어."

루이와 젤리는 1871년에 이사를 갈 때까지 부모와 함께 지냈다. 루이의 부모는 위층에 살았는데, 아버지 피에르 프랑수아 마르탱이 1865년에 세상을 떠났다. 젤리는 1867년에 친정아버지를 모셔 오려고 했다. 젤리의 아버지는 아내를 먼저 떠나보낸 뒤 혼자 지내는 중이었고, 스스로를 잘 돌보지 못했다. 젤리는 아버지를 설득하기 위해 묘안을 짜내야 했다. "아버지에게 말씀드렸더니 불같이 화를 내셨어. 그래도 아버지를 이렇게 두고 살 수 없다고, 아버지에게 받은 게 너무 많다고 다시 말씀드렸지. 그러면서 아버지에게 같이 지내자고 부탁했어. 남편도 내 편을 들어 주었지. 결국 아버지는 마음이 흔들리시는지 아무 말씀도 하지 않으셨어. 그래서 얼른 아버지를 모셔 왔어."

젤리는 루이의 도움을 받아 1868년 아버지가 세상을 떠날 때까지 헌신적으로 돌보았다. 루이는 장인에게 정성을 다했다. 크게 감동받은 젤리는 이렇게 썼다. "장인에게 루이처럼 잘 하는 사람은 백 명에 한 사람 있을까 말까야."

마르탱 가족에게는 가정부도 있었다. 이들에게 가정부는 오늘날의 육아 도우미나 가사 도우미와 같았으며 한 식구나 마찬가지였다. 젤리는 이렇게 고백했다. "나는 우리 아이들을 대하듯 하인들을 대했어." 젤리는 하인들을 위해 음식을 따로 준비해 두는 걸 좋아했다. 먹고 남은 음식을 준 적은 한 번도 없었다. 사람들은 젤리가 제대로 접대받을 줄 모른다고 말했지만 통하지 않았다. "하인들은 우리가 그들을 좋아한다고 느껴야 해. 그들에게 공감한다는 것을 보여 주어야 하고, 그들이 보기에 지나치게 완고해서는 안 돼." 이 생각에 위선은 전혀 없었다. 젤리는 11년 동안 마르탱 가족을 위해 일했던 가정부 루이즈 마레를 진심으로 아꼈다.

한 번은 이런 일도 있었다. 1871년에 생 블레즈 거리로 이사를 가던 중, 루이즈가 큰 병에 걸린 것이다. 젤리는 3주 동안 밤낮으로 루이즈를 간호했다. 또 한 번은 젤리도 편도염에 걸려 고생하고 있었는데도 루이즈를 간호하느라 며칠 밤을 보내기도 했다. "나는 루이즈를 많이 아끼고 루이즈도 나를 많이 아껴." 루이즈는 항상 몸이 좋지 않았기 때문에 젤리가 일을 많이 도와야 했다. 그래도 젤리는 루이즈를 해고할 생각은 단 한 번도 하지 않았다.

딸들 때문에 마르탱 가족의 집안 분위기는 침울하지 않았다. 루이와 젤리는 힘든 일이 있어도 집안에서는 유쾌한 분위기가 감돌게 했다. 가족들은 소소한 기쁨을 느꼈다. 간단한 놀이, 노래, 특히 함께하는 데서 기쁨을 느꼈다. 웃으며 집안을 뛰어다니고, 기쁨에 겨워 날뛰는 딸들 때문에 젤리는 편지 쓰는 것을 멈춰야 할 때도 많았다. 마르탱 가족의 주인은 애덕이었다. 식구들은 서로 사랑한다는 말을 정말 자주 했다. 젤리는 폴린에게 이렇게 쓰기도 했다. "너도 알까, 너를 향한 엄마의 애정은 날이 갈수록 커지는구나. 너는 엄마의 기쁨이자 행복이란다."

이렇게 식구들은 서로 사랑한다고 말했다. 또한 작은 선물을 준비하거나 도움을 주고 세심한 관심을 쏟으면서 서로를 즐겁게 해 주려고 노력했다. 젤리는 다정함을 가득 담아 딸들을 사랑했고 즐겁고 따뜻한 분위기를 만들었다. 이 모든 것은 젤리 자신이 어렸을 때 받아보지 못한 것이었다. 한편 루이는 아이들을 돌보는 재능을 타고난 사람이었다. 루이는 아이들에게 눈높이를 맞출 줄 알았다. 재미있는 이야기를 들려주고 함께 놀아주었으며 좋은 목소리로 옛날 샹송을 불러 주었다. 루이의 레퍼토리는 끝이 없었다. 수많은 자연의 소리를 흉내 내고 노르망디 지역의 사투리도 따라 할 줄 알았다. 아빠가 그럴 때면 딸들은 깜짝 놀라며 즐거워했다.

루이와 젤리는 온화하고 다정했지만 단호할 때도 있었다. 루이는 사랑하는 딸들이 투정을 부릴 때는 꾸짖는 것이 더 유익하다고 생각했다. 예를 들어 식사를 할 때는 무슨 일이 있어도 그릇을 깨끗이 비워야 했다. 딸들의 목소리가 커질 때는 루이가 한 마디만 하면 되었다. "조용히 하자, 얘들아." 젤리도 폴린에게 엄격하게 대해야 할 때는 머뭇거리지 않았다. "이 말은 꼭 해야겠어. 나는 폴린을 애지중지 키우지 않았어. 폴린이 아주 어렸을 때도 그냥 넘어가는 법이 없었어. 아이를 숨 막히게까지 한 건 아니었지만 폴린은 어쨌든 받아들여야 했어." 젤리는 폴린이 어리지만 성격이 강하고 지나치게 활발하다고 느꼈다. 폴린의 성격을 제대로 잡아 주지 않으면 교만해져서 누구도 감당 못하는 아이가 될 수도 있었다. 루이와 젤리는 아이들에게 똑같은 교육 모델을 적용하지 않고, 각자에게 필요한 것을 분명하게 식별하여 교육했다. 아이들은 모두 바르게 자랐다. 이는 마르탱 집안 딸들이 데레사의 시복 시성 심사 과정에서 증언한 이야기로도 알 수 있다.

"저희들은 절대로 애지중지 자라지 않았어요. 어머니는 우리들의 영혼을 정성들여 보살피셨고 사소한 잘못 하나도 훈계 없이 넘어가지 않으셨어요. 사랑에서 우러나온 좋은 교육 방법이었을 뿐만 아니라 세심하게 정성을 쏟은 방법이었지요." 마르탱 부부는 부모로서의 권위를 세웠으면서도 그 권위를 남용하지 않았다. "난폭함은 절대로 그 누구도 변화하게 할 수 없고 오로지 노예만을 만들 뿐이야." 젤리는 레오니 이야기를 하며 이렇게 썼다. 루이와 젤리는 아이들을 신뢰하는 분위기를 만들었다. 나중에 셀린도 "저희는 사랑 안에서 순종했어요."라고 말했다. 피아트 신부는 이렇게 해설한다.

신뢰는 이 교육의 핵심이었다. 젤리는 어렸을 때 어머니가 만들었던 강압적이고 냉정하고 딱딱한 환경을 힘들어했다. 그래서 자신의 아이들은 절대로 이런 시련을 겪지 않게 하겠다고 결심했다. 젤리는 아이들이 개방적이고 외향적이며 명랑하기를 바랐다. 가끔 레오니에게 무언증이 나타나면 젤리는 당황하며 고통스러워했다. 젤리는 완전히 폐쇄적인 영혼은 유혹에 빠진다는 것을 알았고, 내면이 억압되면 위험하다는 것도 알았다. 젤리의 편지를 보면, 아이들 성향에 맞는 방식으로 대하여 각각이 가진 고유의 세계를 알고자 뛰어난 명석함을 발휘했음을 알 수 있다.

"큰 아이들이 어린 시절 내내 갖고 놀 장난감은 이제 충분해. 아이들이 낭비하지 못하게 했더니 물건을 잘 간수해." 매해 성탄절이 오면 아이들은 루이와 젤리에게 선물을 받았다. 새해는 언제나 큰 축제였다. 젤리의 친정에서는 선물이 가득 담긴 트렁크 가방을 보냈다. 젤리의 친정은 선물에 대단히 관대했다. 수많은 굉장한 선물들 앞에서 동생들은 놀라서 아무 말도 못했고 언니들은 마룻바닥이 부서질 정도로 신나 했다. 이렇게 매년 가족에게는 환희의 장이 펼쳐졌다.

애들 아빠가 장난감 포장을 벗길 때 데레사가 어떤 모습인지 너희들이 볼 수 있으면 좋을 텐데! 우리는 데레사에게 "이 안에 리지외에 사는 숙모가 보낸 멋진 장난감들이 있어."라고 말했어. 데레사는 손뼉을 쳤지. 나는 남편이 장난감 포장 벗기는 걸 도우려고 상자에 기댔어. 그러자 데레사가 "엄마, 그러다가 내 멋진 장난감이 망가질 거야!"라고 말하면서 불안한 듯한 외마디 소리를 질렀어. 나더러 그만하라고 내 치마를 잡아당겼지. 그러다가 예쁜 작은 집 장난감을 보더니 한 순간 아무 말도 못하고 가만히 있더라고. 정말 너무 귀여운 아이야.

마르탱 집안 아이들은 장난감이 부족하지 않았다. 인형, 소꿉놀이, 책 외에도 루이가 만들어 준 아기자기한 장난감들이 있었다. 루이와 젤리는 딸들이 너무 귀염을 받지 않도록 조심했으며, 마리와 폴린이 "친구들은 다 가지고 있단 말이에요!"라는 흔한 말로 설득하려고 해도 필요 없는 물건은 사 주지 않았다.

젤리는 꾸미는 것은 좋아하지 않았지만 아이들은 잘 입히고 싶어 했다. 그래서 몇 가지 옷은 직접 만들었다. 젤리의 말에 따르면 이 옷은 아이들을 예쁘게 보이도록 해 주었다고 한다. 여기에도 젤리 나름의 규칙이 있었다. "잘 입히되 간소함을 지키자." 하지만 젤리도 아이들을 위해 유행하는 스타일에 따라 만들어 주기도 했다고 고백했다. 젤리는 언니에게 쓰는 편지에 자신이 유행의 노예가 되었다고 표현하기도 했다.

마르탱 집안 딸들에게 중요한 놀이는 산책이었다. 아이들은 아빠와 낚시를 하러 갔고 주변 시골로 산책을 하러 갔다. 가장 최고의 행복은 아빠 루이의 작은 별장인 파비용에서 오후를 보내는 일이었다. 아이들은 즐거워했고 각자에게 주어진 정원 한 쪽을 가꾸었다. "어제 아침에 셀린이 전날처럼 데레사랑 자신을 파비용에 데려가 달라고 네 아빠를 괴롭혔어. 네 아빠는 셀린에게 '너 농담하는 거지? 내가 너를 매일 데리고 갈 거라고 생각하는 거니?'라고 말했지. 데레사도 거기 있었는데 막대기를 가지고 노느라 이 대화를 못 들은 것 같았어. 데레사는 여기에 온통 정신이 쏠려 있었거든. 그런데 자기 일에 한창이던 데레사가 셀린에게 이렇게 말하더라. '아빠한테 매일 우리를 데려가라고 뻔뻔하게 굴면 안 돼.' 네 아빠는 진심으로 크게 웃었단다."

매주 일요일 오후에는 가족이 다함께 외출을 했다. 가끔은 동네 구경을 하러 가려고 큰 사륜마차를 빌리기도 했다. 어느 날 이웃 여성 두 명이 마차를 같이 탈 수 있는지 물었다. 자리가 남아 있을 거라고 생각한 것이다. 젤리는 나중에 이 여성들을 두고 배려가 없다고 털어 놓았다. 실망한 마리가 울음을 터트렸지만 소용없었다. 가족은 이들의 요청을 받아들였다. 그 일은 딸들에게 잊지 못할 교훈을 주었다. 애덕은 좋을 때나 슬플 때나, 혹은 우리가 그것 때문에 방해를 받을 때라도 실천해야 한다는 것이었다.

루이와 젤리는 딸들에게 가능한 한 최고의 교육을 받게 해 주고 싶었다. 그래서 마리와 폴린을 마리 도지테 수녀가 있는 르망의 성모 마리아 방문 수녀회로 보냈다. 이처럼 부부는 아이들의 교육을 위해서라면 딸들과 떨어져 있는 것도 주저하지 않았다. 젤리는 새 학기가 올 때마다 이렇게 말했다. "아이들을 멀리 보내는 게 얼마나 힘든지 언니는 상상도 못 할 거야. 하지만 아이들의 행복을 위해서는 희생할 줄 알아야 해." 마리와 폴린은 눈물 없이는 집을 떠날 수 없었으며, 젤리 역시도 아이들을 향한 그리움에 눈물을 흘렸다. 젤리는 아이들을 다시 만날 방학이 오길 손꼽아 기다렸다. 마리와 폴린은 프란치스코 살레시오 학교에서 체계적인 교육을 받고 영적인 수련을 했다. 당시에는 교육 때문에 아이들을 멀리 보내는 일은 흔치 않았으나, 훗날 이들의 인생에 큰 도움이 되었다. 이를 바탕으로 마리는 후배 수녀들을 교육하게 되었고, 폴린은 훗날 리지외 가르멜회의 장상이 되는 데 필요한 인간적인 소양을 쌓게 되었다. 또한 성모 마리아 방문 수녀회 수녀들의 삶, 특히 사랑하는 이모의 모습이 아이들에게 종교적 소명을 불러 일으켰다.

마리 도지테 수녀는 조카들의 학업을 가까이에서 살폈고, 젤리에게 아이들의 학교생활을 써서 보냈다. 젤리는 딸들이 좋은 성적을 거두었음을 식구들에게 알리면서 엄마로서 자랑스러워했다. 마리와 폴린은 또래 아이들보다 크게 앞섰으며 특히 폴린은 전교에서 가장 훌륭한 학생이었다. 루이와 젤리는 폴린이 받은 상들을 자랑스러워했지만 큰 중요성을 부여하지는 않았다. 젤리는 지난해 폴린이 상을 몇 개나 받았는지 기억하지 못했다. 딸들이 학교에서 좋은 성적을 거두면 행복하고 뿌듯했지만 가장 중요하다고 생각하지는 않았다. 마리가 품행이 단정하고 성적이 우수한 학생에게만 주어지는 특권인 '성모님의 아이들' 모임에 가입할까 고민했던 적이 있다. 이 고민을 들은 젤리는 딸에게 이렇게 말했다. "마리는 이 멋진 타이틀에 걸맞도록 노력해야 해."라고 강조했다.

마리와 폴린의 우수한 학업 성취 결과는 부모에게 받은 훌륭한 교육 때문이라고 쉽게 연관 지을 수 있다. 선생님들은 겉으로 표현하지 않았으나 마리와 폴린의 겸손한 행동을 매우 마음에 들어 했다. 그들은 마리와 폴린에게 스스로의 능력을 최대한 발휘하는 법을 가르쳐 주려고 항상 더 많은 것을 요구했다. 마르탱 부부가 성모 마리아 방문 수녀회를 선택한 것은 젤리의 언니 때문만은 아니었다. 이 수도회 수녀들이 지향하는 따뜻하면서도 단호한 교육 이념이 마르탱 가족의 정신과 잘 맞았기 때문이다.

마리가 6살 때 알랑송 학교를 다닐 때 일이다. 선생님들이 잉크를 쏟은 마리의 손을 잉크에 담가서 얼굴에 더럽게 묻히게 했는데, 마리는 몇 년이 지나도 이 일이 떠오르면 화가 나서 어쩔 줄 모르곤 했다. 폴린도 성모 마리아 방문 수녀회에서 마리가 했던 실수를 똑같이 했다. 하지만 수녀들은 아이가 일부러 그런 것이 아님을 잘 알았기에 잉크를 깨끗이 치우고 아이를 혼내지 않았다.

이러한 교육 방법은 마리에게 좋은 영향을 주었고 젤리는 이에 감사하게 생각했다. 타협을 모르고 거칠었던 마리의 성품은 성모 마리아 방문 수녀회의 따뜻함을 통해 부드러워졌다.

루이와 젤리가 수년 동안 부모로서 한계에 봉착하며 자녀 교육에서 큰 시련을 겪은 적도 있었다. 바로 셋째 딸 레오니 때문이었다. 레오니는 태어났을 때부터 건강상 문제가 있었는데, 부부는 레오니가 다른 아이들보다 훨씬 키우기 힘든 아이임을 곧바로 알아차렸다. 레오니는 만성적인 병의 고통에 더해 트라우마로 남을 일을 겪었다. 바로 동생 엘렌의 죽음이었다. 마르탱 집안 아이들은 나이에 따라 짝을 이루었다. 마리와 폴린, 그리고 셀린과 데레사였다. 1863년생인 레오니와 1864년생인 엘렌은 비슷한 나이 덕에 놀이 친구가 되었다. 그런데 1870년에 엘렌이 세상을 떠나자 레오니는 홀로 남겨진 아이가 보이는 나쁜 성격의 징후를 보였다. 이는 그 당시 젤리의 편지 속에 잘 나타나 있다. 레오니는 너무 일찍 죽음을 경험하여 충격을 받기도 했지만 자신의 새로운 위치도 불안해했다. 언니들 무리에 들어가기에는 너무 어리고 뒤쳐졌고, 동생들 무리에 들어가기에는 너무 컸던 것이다. 스스로 외톨이라고 느낀 레오니는 위축되었다. 어리석은 짓을 반복하며 변덕스럽게 굴었고, 약속을 지키지 않고 거짓말을 했다. 그리고 불같이 화를 냈다. 레오니는 대하기 어려운 아이가 되었다. 레오니가 9살이 되었을 때 젤리는 이렇게 썼다. "레오니의 성격을 모르겠어. 아무리 똑똑한 사람들도 갈피를 못 잡을 거야. 그래도 언젠가 그 터전에서 좋은 씨앗이 나왔으면 좋기를 바랄 뿐이야. 그 씨앗을 보게 된다면 나는 나만의 '시메온의 노래'를 부를 거야."

레오니를 구한 것은 젤리의 이 희망이었다. 루이와 젤리는 절대로 낙담하지 않았다. 젤리는 레오니의 잘못된 행동에 대한 이야기나 엄마로서의 걱정하는 내용을 편지에 적곤 했다. 하지만 그럴 때마다 레오니가 마음이 착한 아이라고 덧붙였다. 루이도 언제나 레오니를 "착한 우리 레오니"라고 불렀고 마리 도지테 수녀는 '운명이 예정된 아이'*라고까지 불렀다. 그들은 레오니를 신뢰했다. 또한 레오니가 착한 아이이며 어려움을 극복할 수 있다는 것을 알고 있었다. 부부는 레오니가 자매들 사이에서 미운 오리 새끼가 되지 않도록 관심을 기울였고, 다른 아이들에게 레오니를 위해 기도하자고 했다. 식구들은 레오니를 중심으로 뭉쳤다.

1874년 1월, 젤리는 레오니를 성모 마리아 방문 수녀회로 보내

---

* 레오니는 어렸을 때 마르가리타 마리아 알라코크 성녀의 전구로 치유된 적이 있다. — 저자 주

기로 루이와 함께 결정했다. 그리고 마리 도지테 수녀가 레오니를 교육하는 데에 성공할 거라고 기대했다. 그 무렵, 레오니는 11살이었지만 마치 8살처럼 보였다. 마리 도지테 수녀는 따뜻함을 중시하면서 프란치스코 살레시오 성인의 위대한 전통에 따라 레오니를 돌보았다.

첫 달에는 레오니가 잘못하면 혼을 냈어. 그런데 그런 일이 너무 잦아서 혼내는 것 말고는 다른 건 아무것도 할 수 없었지……. 이러다가는 정말 내가 아이를 불행하게 만들 것 같았어. 그건 내가 원했던 게 아니야. 나는 아이에게 하느님의 섭리인 사람이 되고 싶었어. …… 그래서 레오니를 누구보다 다정하게 대하기 시작했고 혼내지 않으려고 했어. 레오니에게 이모는 네가 착해지고 싶고 이모를 기쁘게 해 주고 싶어 한다는 것을 알고 있다고 말했어. 그리고 그렇게 믿는다고도 말했지. …… 이 말은 레오니에게 마법의 효과를 낳았어. 일회성이 아니라 오래갔지. 이 상태가 계속되자 레오니가 정말로 귀엽게 느껴졌어. …… 그렇지만 한 번 더 다정함에 단호함도 가미해야 할 거야.

하지만 마리 도지테 수녀가 레오니만 돌볼 수는 없었기 때문에 한계가 있었다. 레오니는 무리 내에 들어가기만 하면 자제력을 잃었고 누구에게도 비할 데 없이 산만했다. 공동체 생활이 어려웠던 레오니는 수녀회에 남아 있을 수 없었다. 다른 수녀들은 레오니를 집으로 돌려보내야 한다고 강요했다. 불안정한 레오니를 위해서는 기숙사 생활이 유일한 해결책이라고 믿었던 젤리는 절망했다. 그리고 하느님께 매달렸다. "희망이 없어 보이는 상황이지만 그래도 나는 희망해. 레오니가 어려운 아이인 만큼 선하신 하느님께서 그 애를 이대로 놔두지 않으실 거라고 확신해. 하느님의 마음을 움직일 수 있도록 정말 많이 기도드릴거야."

젤리는 자신의 모성만으로 딸을 돕기가 충분하지 않음을 알았고 그래서 최고의 어머니에게 겸허히 딸을 맡겼다. "레오니를 매년 원죄 없이 잉태되신 복되신 동정 마리아 대축일에 노트르담 드 세 대성당에 데려가고 싶어." 순례를 그렇게 좋아하지 않는 젤리에게 이것은 큰 희생이었다. 젤리는 레오니를 마르가리타 마리아 알라코크 성녀가 예수 성심의 환시를 보았던 도시, 파레 르 모니알에 데려갈 생각까지 했다. 하지만 젤리는 "그러다가는 머리가 돌아버릴 거야."라고 고백했다. 마리 도지테 수녀는 시련을 겪는 동생을 진심으로 응원하며, 레오니가 성인이 될 거라고 확신했다. 루이와 젤리는 이웃 여성 두 명에게 레오니의 개인 교습을 맡겼다. 하루에 두 번씩 레오니를 데려다 주고 데려오는 일은 정말 쉽지 않았다. 하지만 젤리는 1875년 5월 첫영성체를 앞두고 레오니가 할 수 있는 한 최선을 다해 준비하는 모습을 보며 희망을 되찾았다.

레오니가 겉모습과는 다르게 비단결 같은 마음씨를 지녔음을 젤리에게 확인시켜 준 일은 또 있었다. 젤리가 리지외에서 휴가를 보낼 생각에 들떠 있을 때였다. 그런데 갑자기 레오니가 가지 않겠다고 했다. 루이와 젤리는 레오니가 변덕을 부린다고 생각했다. 알고 보니 레오니는 셀린에게 자신의 자리를 양보해서 즐겁게 해 주고 싶었던 것이었다. 하지만 레오니의 상황은 더 나아지지 않았다. 젤리는 1876년에 이런 내용을 남겼다. "나는 해낼 수 없을 거야. 레오니는 하고 싶은 대로 하고, 하고 싶은 것만 해." 젤리는 사춘기에 접어든 레오니가 자신을 완전히 거부하고 반박하며, 자신의 뜻과 무조건 반대로 행동하려고 애쓰는 것 같다고 느꼈다. "레오니가 내게 관심을 가지게 하려고 내 능력 선에서 모든 방법을 동원했어. 오늘까지는 전부 실패야. 이렇게 큰 고통은 이제까지 살면서 한 번도 느껴본 적 없어." 하지만 주님께서 자신의 희망에 답해 주시고 레오니의 마음을 젤리에게 돌아오게 해 주실 거라는 데

의심을 품지 않았다.

　루이와 젤리는 하늘나라에 합당한 아이들로 기르는 것을 자녀 교육의 목표로 삼았다. 부부는 아이들에게 무엇보다 성덕을 원했다. "얘들아, 그때까지 선하신 하느님을 잘 섬겨야 해. 그리고 언젠가 성인이 될 수 있도록 노력해야 해."

　젤리는 마르탱 교육법을 소중한 꽃에 비유했다. "땅을 개간하고, 믿음을 갖고 하늘나라의 이슬에 기대를 걸며, 경작이 잘될 수 있도록 가능한 한 모든 것을 다해야 한다. 그리고 나서 선하신 하느님이 꽃과 열매를 자라게 하시도록 해야 한다. 교육은 하느님과 함께, 하느님을 위해서 하는 것이다."

　마르탱 부부는 그리스도인의 삶이 어떤 것인지를 직접 보여 주며 모범이 되었다. 아이들은 부모님이 기도하는 장면을 매일 지켜보았다. 루이는 아이들에게 '임금님'으로 불리곤 했다. 루이가 무릎을 꿇은 채 기도하는 모습은 아빠를 무척 사랑하던 딸들에게 하느님께서 과연 어떤 분인지 여실히 보여 주었다. 어느 날 저녁에는 아빠가 기도하는 모습을 보지 못한 2살 난 데레사가 큰일이라도 난 듯 이렇게 반응했다. "그런데 아빠, 왜 기도 안 해? 성당에 갔다 온 거야?" 마르탱 가족에게 하늘나라는 이미 존재하고 있었기에, 아이들에게 이에 대해 일장 연설을 할 필요가 굳이 없었다. "(레오니는) 다른 삶에 대한 말을 정말 많이 들어서 자기도 그 삶에 대해 말하곤 해."

　마리는 이렇게 말했다. "아버지와 어머니는 신심이 깊었어요. 저희는 아주 어렸지만 부모님이 영원에 대해 말하는 걸 들으면서 저희도 세상의 것들을 단순히 공허하게 바라볼 준비가 되었다고 느꼈어요." 딸들은 아주 어렸을 때부터 루이와 젤리를 본받았고, 다른 영혼들의 회심을 바라거나 스스로 희생하는 태도를 갖기 위해 열심히 노력했다. 폴린은 어느 날 엄마에게 편지를 보냈다. 폴린의 순수함은 감동적이었다. 폴린은 그때 학교에서 들었던 강론이 "정말로 너무나 아름다웠어요. 예전에 봤던 죄인이 거기 있었다면 강론을 듣고 회심하였을 거예요. 그러지 않기란 불가능했을 거예요!"라고 썼다. 젤리는 마리에 대해서도 자랑스럽게 말했다. 마리는 치과 치료를 받으면서 아픈 것을 참았고 이러한 자신의 희생을 할아버지의 영혼이 편히 쉴 수 있도록 봉헌하겠다고 결심했다. 마리가 이런 희생을 할 수 있었던 이유는 젤리가 똑같은 지향을 두고 자신의 모든 공을 주님께 봉헌하기로 마음먹은 것을 보았기 때문이었다.

　부부의 이런 자세는 아이들에게 모범적인 그리스도인으로서의 모습을 보여 주는 것을 넘어, 우리 곁에 분명히 존재하시는 하느님의 현존처럼 여겨졌다. 데레사도 인자함과 다정함이 가득한 인간적인 부성을 경험하였기에 하느님 곁으로 훨씬 수월하게 갈 수 있었을 것이다. 데레사는 자신이 어린 시절 느꼈던 자비와 정신을 사람들이 이해하기를 바랐다. 그래서 잘못을 저지르고도 늘 아버지의 품으로 달려들었던 아이의 모습을 자신의 글에서 여러 번 말했다. 아이는 잘못하고 혼나는 게 무서워 숨는 대신에, 돌아온 탕자처럼 자신을 반겨 준 아버지에게 달려갔던 것이다.

젤리의 편지에는 이러한 아이의 모습에 관한 일화가 나온다. 어느 날, 데레사는 자는 척을 했다. 젤리는 그런 데레사에게 거짓말하는 모습은 보고 싶지 않다고 말했다.

데레사가 우는 소리가 들리고 몇 분이 지났는데 어느새 내 옆에 와 있더라고. 깜짝 놀랐어! 혼자서 작은 침대를 빠져나와서 맨발로 계단을 내려온 거야. 잠옷을 걸치긴 했는데 길어서 거치적거렸지. 작은 얼굴은 눈물범벅이었어. 내 무릎 위로 달려들며 데레사가 말했어. "엄마, 잘못했어요. 용서해 주세요!" 나는 곧바로 용서해 주었지. 그리고 우리 천사를 품 안에 꼭 안고 여기저기 입맞춤을 해 주었어. 내가 이렇게 잘 받아 주는 걸 보더니 데레사가 말했어. "엄마, 제가 아기였을 때처럼 포대기로 감싸 주세요! 저 여기 식탁에서 초콜릿 먹을 거예요." 나는 담요를 찾으러 갔어. 그리고 데레사가 아기였을 때처럼 담요로 감싸 주었지. 꼭 인형놀이를 하는 기분이었어.

루이와 젤리는 훌륭한 길을 열어 주었으며, 데레사는 그 길을 달려갔다. 마르탱 부부는 아이들에게 예수님을 지표로 삼게 했다. 이를 잘 보여 주는 작은 일화가 있다.

셀린이 4살 때 일이다. 한 가난한 아이가 길에서 놀고 있던 셀린을 놀리듯 쳐다보았다. 셀린이 "너 가 버려."라고 말하자 그 아이는 따귀를 때렸다. 젤리는 셀린에게 그 아이가 공격을 하였지만 그래도 용서하라고 타일렀다. "엄마, 엄마는 내 뺨이 이렇게 빨갛게 되었는데도 날 때린 가난한 아이를 사랑하라는 거예요?" 셀린은 조목조목 논리를 들며 이렇게 말했다. "나는 가난한 사람들이 싫어요!" 젤리는 이런 행동은 가난한 사람들을 정말로 사랑하시는 선하신 하느님을 절대로 기쁘게 하지 못한다고 알려 주었다. 하지만 셀린은 고집을 피우며 잠이 들었다. 다음 날 아침, 젤리의 간절한 기도가 잠든 셀린에게 와 닿았는지 셀린이 달려오더니 자랑스럽게 말했다. "성모님과 착한 예수님에게 드릴 아름다운 꽃다발을 만들었어요. 지금부터 가난한 사람들을 사랑할 거예요!"

루이와 젤리는 선이든 악이든 그 첫걸음을 내딛는 것이 어려울 뿐이지, 한 번 발을 내딛은 후에는 자신도 모르게 이끌릴 것이라고 확신했다. 마르탱 부부는 아이들이 첫 발을 내딛는 순간을 함께 해 주었다. 그들은 덕행의 길에 내딛는 첫걸음을 가장 중요시했다. 아이들에게 선행에 대한 동기를 부여해 주기 위해서 사탕이나 용돈이라는 목표보다는 죄인을 회심하게 하기, 예수님을 위로하기 같은 신비스러운 목표를 제안했다. 이 방법은 효과가 있었다. 그중에는 '예수님을 즐겁게 해 드리기'라는 목표가 있었다. 이것은 데레사가 미래에 나아갈 '작은 길'에 밑거름이 되어 주었다. 또한 아이들이 교만에 대항하도록 가르치는 것을 교육의 최우선으로 삼았다. "오만한 자들에게서 당신 종을 보호하소서. …… 그러면 제가 결백해지고 커다란 죄악에서 깨끗해지리이다."(시편 19,14)

마르탱 부부는 겸손함이야말로 성덕의 길임을 알고 모든 방법을 동원하여 겸손함을 키워 갔다. 젤리는 편지에 딸들 때문에 감탄했던 이야기들을 썼지만 정작 아무런 내색을 하지 않았다. "모든 사람이 우상처럼 여기는 아이들은 부모가 교만해지지 않도록 제어해 주지 않으면 이 결점(교만)을 가지게 돼. 그러므로 교만에 맞서 싸워야 해." 루이와 젤리는 어떤 자만심도 그냥 보고 두지 않았다. 어느 날 마리는 한 가정집에 있는 꽃들을 꺾더니 학교에 가져가고 싶다고 말했다. 루이는 마리의 진짜 의도를 짐작하고는 마리를 호되게 혼냈다. "너 이 꽃들을 우리 집에서 가져왔다고 하려는 거지!" 이 일은 마리에게 깊은 교훈을 남겼다.

아주 어렸을 때부터 선과 악을 구별하라고 교육을 받았던 마르탱 집안 딸들의 양심은 섬세하게 발달했다. 마리는 학교에서 상을 받아도 스스로 그만한 자격이 있다는 확신이 없으면 진심으로 기뻐하지 못했다. 이러한 감수성은 때로는 양심의 가책으로 이어졌다. "하늘나라는 착한 아이들을 위한 곳이다.", "네가 죄를 저지른다면 하느님께서는 이제 너를 사랑하지 않으실 것이다." 이러한 글귀들은 마르탱 집안 딸들을 불안하게 만들었다. 루이와 젤리는 이러한 종류의 조언을 시대적 상황에 맞게 해석해 주는 일을 중요하게 여겼다. 당시 이러한 말들은 아주 흔했다. 신앙심이 깊은 환경 속에서 자란 아이들은 이러한 말들에 큰 죄책감을 느꼈다. 하지만 하느님께서 선한 분이라는 사실을 부모가 행동으로 보여 주자 크게 동요하지 않게 되었다.

루이와 젤리는 아이들의 가슴에 신앙심의 불꽃이 타오른 것을 경이롭게 바라보았다. "데레사가 기도를 드리는데 작은 천사 같았어. 얼마나 이상적인지!" 셀린이 7살이었을 때, 젤리가 셀린에게 초콜릿을 조금 먹지 않겠냐고 물었는데 답이 없었다. 잠시 후, 셀린은 선하신 하느님께 마음을 드리느라 너무 바빴다고 고백했다. 젤리는 감동하여 "선하신 하느님께서는 아이들의 기도를 들어 주신다."라고 확신했다. 마르탱 집안 딸들은 엄마 뱃속에 있었을 때부터 천상을 향해 길러졌다. 셀린은 엄마 젤리에 대해 이렇게 이야기했다. "엄마는 임신했을 때 하느님과 일치한 상태였고 기도에 대한 열의도 무척 컸어요. 그래서 저희는 아주 작은 존재였지만 지능이 깨어날 무렵부터 신심을 품게 되었지요. 하지만 엄마는 이 사실을 알지 못했어요. 엄마는 자신이 이를 몰랐다는 것을 알고 깜짝 놀랐죠." 또한 루이와 젤리는 융통성 있는 방법으로 아이들을 가르치며 신앙을 전해 주었다.

그날 오후에 기도문을 몇 개 읽어 주려고 레오니를 내 옆에 오게 했어. 그런데 얼마 안 되서 레오니는 지루해하더니 말했어. "엄마, 우리 주 예수 그리스도의 삶에 대해 이야기해 주세요." 하지만 나는 이야기를 들려주겠다는 결심이 서지 않았어. 아이들에게 이야기를 해 주고 나면 항상 목도 아프고 무척 피곤했거든. 그래도 노력하기로 마음먹고 주님의 삶을 레오니에게 이야기해 줬지. 예수님이 수난받는 데까지 이야기를 해 주니 레오니는 울고 있었어. 레오니가 이런 감정을 느꼈다는 것을 보니 흐뭇했어.

15살 때 마리는 매일같이 아침 6시 미사를 드리러 갔는데, 너무 이른 시간이라 젤리는 걱정이 되었다. 게다가 사춘기에 접어든 마리가 조금씩 반항하고 있었으므로 자신의 조언을 듣지 않을 거라 여겼다. 그래서 마리에게 많은 영향을 주던 마리 도지테 수녀에게 이 조언을 전해 달라고 했다. 마리 도지테 수녀는 마리에게 잠을 더 자야 한다고 설득하는 데 성공했다. 젤리는 한편으로 큰 딸 마리의 신심에 감탄할 수밖에 없었다. 마리는 누구도 강요하지 않았는데도 언제나 묵주 기도를 바쳤고, 미사를 드렸다. 루이와 젤리는 신앙을 주시는 분은 오로지 하느님 한 분이심을 알았으며, 아이들에게 믿음을 강요할 수 없음도 알았다. 하지만 두 사람은 딸들의 마음에 은총이 자리 잡을 수 있도록 최소한의 모든 조건을 마련해 주었다. 이 노력은 훗날 결실을 맺었다. 마르탱 집안 딸들은 주님을 향해 커다란 사랑을 키워 갔고 자신의 삶을 헌신할 준비를 할 수 있었다.

4장 부모의 소명 115

어떤 사람들은 루이와 젤리가 딸들을 수녀로 만들 목적으로 교육한 것은 아닌지 궁금해 할 수도 있다. 루이와 젤리는 아이들을 잘 길러 낼 수 있도록 하느님께 권한을 위임받았을 뿐이라고 생각했다. 이런 생각은 부부가 네 명의 아이를 잃게 된 후 더욱 강해졌다. 아이가 태어나면 그때의 재정 여건이나 건강과 상관없이 천상에서 내린 축복으로 받아들였다. 아들인지 딸인지는 크게 중요하지 않았다. 젤리는 이지도르의 부인이 딸을 출산했다고 알리자 이렇게 답장을 했다. "네가 나와 같다면 딸을 낳았다고 슬퍼하지 않을 거야. 나도 딸을 낳았지만 한시도 슬프지 않았거든." 하지만 루이와 젤리도 사제가 될 아들을 낳고 싶다는 희망을 오랫동안 품었다. 부부는 첫째 아들 조제프의 고사리 같은 손을 보며, 성체를 들어올리기 좋은 손을 타고났다고 감탄했다. 하지만 조제프가 성장하면 당연히 자신의 길을 선택할 자유를 주기로 했다.

루이와 젤리는 출산 계획, 그리고 아이의 미래도 계획하지 않았다. 아이의 미래는 주님의 뜻과 아이의 선택에 맡기기로 마음먹었다. 하지만 신혼 때에는 그러지 못했다. 그때 루이와 젤리는 두 사람 모두 수도자가 되지 못했으므로 아이들이 모두 수도자가 되게 해 달라고 기도했다. 순수한 뜻에서 드리는 기도였지만 본인들의 절망감에서 비롯된 기도이기도 했다. 몇 년 후, 두 사람은 자신들의 소명에 대한 시각을 바꾸고 하느님의 뜻에 오롯이 내어 맡기게 되었다.

젤리는 마리가 수도자의 삶을 고민하고 있다는 것을 짐작했고, 폴린에게 이런 편지를 썼다. "마리한테는 말하지 마. 그게 엄마가 바라는 거라고 생각할 거야. 엄마도 진심으로 그렇게 되었으면 좋겠지만 오로지 그게 하느님의 뜻일 때만 그런 거란다. 엄마는 부디 마리가 하느님이 주실 소명을 따랐으면 좋겠어. 그러면 엄마는 만족할 거야."

마리는 부모님이 자신이 수도자로 살아가길 적극적으로 권하지 않는다고 느꼈다. 그래서 한 번은 루이와 젤리가 예쁜 원피스를 사 주자 울면서 불평했다. "루이와 나는 마리를 예쁜 소녀처럼 옷을 입혔어. 반드시 혼인을 시키고 싶어 하는 사람처럼 말이야. 마리에게 청혼이 들어온다면 아마 우리 때문일 거야!" 젤리는 딸들에게 외출을 권했고, 또래 친구들을 자주 만나라고도 했다. 어느 날 마리가 젊은 여성들의 모임에 초대를 받자 마리 도지테 수녀는 기분이 상했다. 젤리는 냉철히 반응했다. "그러면 수도원에 가둬 놔야 해? 다른 사람들과 떨어져서는 이 세상에서 살아갈 수 없어! 성모님이 우리에게 한 말 중에서도 취할 것은 취하고 잊어버릴 것은 잊어버려도 돼."

루이와 젤리가 바라던 것은 오직 딸들의 성덕이었다. 딸들의 생활방식과는 상관이 없었다. 젤리는 삶의 마지막 순간에 다다랐을 때, 첫째 딸 마리와 둘째 딸 폴린이 나아갈 소명을 예감했다. 딸들이 수녀가 된다면 정말 행복할 것이라면서도 "고통이 없지는 않을 것이다."라고 고백했다. 딸들과 헤어지는 고통은 젤리가 아닌 루이의 몫이 되었다.

지금까지 마르탱 가족의 딸 5명이 종교적 소명 안에서 아름답게 꽃 피우는 모습을 보았다. 온전히 인간적인 해석만으로는 그들이 걸어간 길을 충분히 설명할 수 없다. 딸들은 삶 안에서 부르심을 느꼈다. 그리고 이를 언제나 사랑에 대한 하느님의 호소라고 이해했다. 그 무언가의 근원에는 하느님이 있었음을 우리는 어렴풋이나마 이해할 수 있다.

5장

마르탱 기업

Louis and Zélie Martin

마르탱 가족은 1858년부터 1870년까지 두 곳의 가게를 운영했다. 먼저 루이의 시계-보석점은 퐁뇌프 거리에 위치한 가족의 집 1층에 있었다. 번화가는 아니었지만, 루이의 솜씨와 성실함에 매료된 단골들이 생겼다. 루이는 손목시계와 벽시계를 제작하고 수리했으며, 몇 가지 보석도 판매했다. 1863년부터 루이는 알랑송 손뜨개 사업으로 점점 일이 많아진 아내 젤리를 도왔다. 그리고 젤리의 일에 전념하고자 1870년 자신의 시계-보석점을 닫았다. 사실 젤리의 사업은 초반부터 번창했다. 젤리는 정확히 무슨 일을 했을까? 피아트 신부의 설명을 들어 보자.

레이스는 끝단 15~20센티미터에 작업한다. 제작할 디자인에 맞게 양피지에 구멍을 뚫고 천을 덧댄다. 실은 정말 얇은 고품질 아마실을 사용한다. 먼저 '시침질'을 한 후 천에 들어 있는 구멍 수에 따라 '천 조각'을 이 사람 저 사람에게 보낸다. 구멍이 9개 있으면 특산품이다. 그다음에는 양피지를 떼어 내고 필요 없는 실을 제거하며 피치 못하게 잘려 나간 부분을 손질한 뒤 이어 붙이는 작업에 들어가야 한다. 거의 보이지도 않을 만한 작은 바늘들과 점점 더 가는 실을 가지고 하는 최고의 작업으로 섬세하면서도 고된 일이다.

젤리가 전담한 일은 이어 붙이기 작업이었다. 일을 그만둘 즈음에는 담당 직원을 한두 명 고용하기도 했다. 젤리는 주문을 취합하여 재택 작업자들에게 주문의 특성에 맞게 필요한 재료를 구해다 주었다. 그리고 '천 조각'들을 회수하는 일을 관리했다. 그 후에는 전체 작업을 조율하고 수정했다. 루이는 1863년부터 고객에게 제품을 납품하는 일을 맡았다. 그전에는 젤리가 다른 회사에 위임했던 일이었다. 루이는 판매점들을 방문하기 위해 정기적으로 파리에 갔다. 그곳에서 주문을 받고 재료를 구매했으며 제품을 배송했다. 루이는 회계 업무도 맡았으며 가끔은 직접 바느질을 했다.

마르탱 부부는 최소한 9명의 여성 작업자를 고용했는데, 임금은 밀리지 않고 지급했다. 두 사람은 임금 지급을 조금이라도 미루는 것을 부당하다고 여겼다. 작업자들은 목요일마다 젤리를 만나러 왔다. 그들은 바느질한 레이스 조각들을 가져왔고 새 작업을 받아서 돌아갔다. 이날은 젤리가 무척 바쁜 날이기도 했다. 대개 아기를 안고 있었고, 또 다른 아기는 방을 뛰어다니고 있었다. 작업자들은 아이들을 행복하게 해 주기 위해 기꺼이 유모가 되어 주었다.

작업자들은 젤리를 무척 좋아했다. 작업자 중 한 사람이었던 코맹 부인은 이렇게 말했다. "젤리는 작업자들을 정말로 공정하고 친절하게 대하는 사람이었어요. 용감했고 일을 할 줄 아는 사람이었지요. 성녀나 다름없었어요." 젤리는 아픈 작업자가 있으면 일요일에 병문안을 갔고, 필요한 것이 있다면 주저 없이 가져다주었다. 젤리는 불량한 작업자를 해고하지 못했다. 작업자 중에 이르마라는 사람이 있었다. 이르마는 작업에 소홀했을 뿐만 아니라 젤리가 주의를 주려고 하면 화를 냈다. 루이는 임금이 높은 작업자였던 이르마를 고용하고 싶지 않았다. 젤리는 남편의 마음을 돌리려고 했지만 일단은 이르마를 대신할 사람을 고용해서 남편의 뜻을 따랐다. 하지만 이르마가 눈물을 흘리며 용서를 비는 것을 보자 차마 뿌리칠 수 없었다. 결국 한 명으로 충분한 자리에 두 사람을 고용하게 되었다.

한편 젤리의 동생 이지도르는 리지외에서 약국을 개업하려고 준비 중이었다. 이 무렵 젤리가 이지도르에게 쓴 편지를 보면 자신이 노동을 하며 체험했던 무게감이 고스란히 담겨 있다. "우리 가엾은 동생, 네가 정말 안쓰럽구나. 이제 너는 불행, 근심, 노동으로 꽉 찬 현실의 삶 속으로 들어가는 거야. 정말로 용기와 인내심을 가져야 해. 네 고생은 끝나지 않을 테니까. 너는 트라피스트 수도자처럼 일하겠지만 그보다 보람은 훨씬 적을 거야."

루이와 젤리는 고생을 마다하지 않았다. 일과 중에는 아이들이 허락하는 한 일을 했고, 밤늦게까지 전등을 켜 놓고 자주 일했다. 가장 바쁜 시기에는 젤리는 새벽 4시 30분부터 밤 11시까지 일했다. 에너지 넘치는 젤리는 이렇게 결론 내렸다. "나는 어쩔 수 없이 지나치게 많이 일해야 하나 봐. 정말 불행해. 죽기 전에 잠시라도 쉴 수 있다면 정말 좋겠어.", "그래도 일을 많이 할수록 몸 상태는 더 좋아진다니까!"

젤리는 그때그때마다 유행하는 패션과 경제 상황에 영향을 받을 때면 불안해했다. "알랑송 손뜨개 작업장 때문에 내 삶이 힘들어졌어. 주문을 너무 많이 받았을 때는 가장 힘든 노예 생활을 하는 노예나 다름없거든. 반대로 일이 없어서 내 두 손에 2만 프랑이 달려 있다고 느낄 때는 정말 힘들게 고용한 작업자들을 해고해야 해. 그래야 그 사람들이 다른 작업소에서 일할 수 있을 테니까. 조금이라도 머리 아픈 일이 생기면 그것 때문에 악몽에 시달려!" 불안해하는 젤리의 성격상 이런 일은 정말 시련이었다. 주문이 산더미같이 쌓였는데도 몇 주 후에 젤리는 이렇게 썼다. "가게가 잘 안 돼, 정말로 잘 안 돼. 이보다 더 나쁠 수는 없어. 나는 내 시대가 막을 내리는 거라고 긍정적으로 생각하기로 했어." 젤리의 펜이 이렇게 빗나간 예측을 써 내려가는 일은 여러 번 있었다.

젤리는 사실 일하는 것을 즐겼다. 바람을 쐬러 나가는 것을 지루하다고 생각했기에 외출이 적었다. 아주 가끔이라도 외출을 하고 돌아온 후에는 이렇게 썼다. "솔직히 말하면 창가에 앉아서 우리 알랑송 손뜨개 작업장의 일을 이어 붙이기 하는 것 말고는 다른 건 하나도 재미없어." 그날따라 젤리는 좋은 동료와 함께 있었다. 데레사를 임신 중이었기 때문이다. 이 일화는 젤리가 남편과 아이들 곁에서 일하는 소박한 생활을 좋아했음을 잘 보여 준다.

젤리가 이렇게 일에 전념했던 이유는 가족 때문이었다. 주님은 젤리에게 '젤리 자신을 위해서는' 아무것도 간직하지 말라고 권하셨고 젤리도 이것을 조금씩 깨달았다. 그래서 자신의 시간을 전부 봉헌했다. 젤리는 이지도르에게 농담을 섞어 가며 이렇게 썼다.

나는 운이 없는 게 분명해. 외출을 하려고 하면 꼭 다른 일이 생겨. 이런 일이 자주 있어. 그래서 휴식은 뭐든지 거부했지. 휴식이라는 말은 다시는 듣기 싫어. 가장 아름다운 산책로 중에 트루빌 산책로가 있지. 나는 거기도 제대로 구경하지 못했어. 그곳에 가려던 계획이 어떻게 끝났는지 아니? 드디어 거기에 가게 됐다고 행복해하던 그 순간 전보가 왔어. 모든 계획을 틀어야 했지. 만약에 트루빌로 갔더라면 바다가 나를 삼켰을 거야. 그래서 나는 트루빌에 작별을 고했어. 진심으로 말이야. 거기는 불행한 일만 생겨!

젤리의 편지들을 읽다 보면 대단히 인상적인 점이 있다. 젤리는 가족에게든, 일에서든, 가난한 사람에게든 항상 헌신했다. 그리고 아픈 아이를 위해서나, 주문받은 일을 끝내기 위해서 한밤중에 깨어 있곤 했다. 자주 피로했지만, 여기저기에서 자신을 찾는 이들의 요청에 부응하고 싶었다. "사랑이란 전부 주는 것이자 스스로를 주는 것입니다." 데레사는 이렇게 썼다. 젤리도 마찬가지로 남편과 아이들, 고객들, 문을 두드리는 모든 사람들, 작업자들을 사랑했다. 늘 일이 넘쳐서 힘들어했음에도 전혀 후회하지 않았다. "이와 같이 너희도 분부를 받은 대로 다 하고 나서, '저희는 쓸모없는 종입니다. 해야 할 일을 하였을 뿐입니다.' 하고 말하여라."(루카 17,10) 복음 속의 이 말씀처럼 자신의 의무를 다할 뿐이라고 느꼈다.

젤리의 유일한 휴가는 2년에 한 번씩 리지외에 머물다 오는 것이었다. 이 휴가는 큰 즐거움이었다. 딸들은 사촌들을 만났고, 젤리는 사랑하는 남동생 부부를 만났다. 두 사람은 젤리와 조카들을 위해 파티와 외출을 계획했다. 한 가지 옥에 티는 루이가 없다는 것이었다. 루이는 가게도 보고, 너무 어려 휴가를 같이 가지 못한 딸들을 돌보느라 집에 남아야 했다. 그래도 루이는 나름대로 자신만의 휴가를 보냈다. 루이가 순례를 떠나거나 소규모 피정을 다녀오지 않은 해는 없었다.

젤리는 사업을 하느님께 맡겼다. 또한 이 믿음을 행동으로 옮기면서, 사업의 중압감에서 벗어나고자 했다. "나도 너 같았어. 알랑송 손뜨개 작업장을 시작했을 때는 몸이 다 아플 지경이었는데, 지금은 훨씬 더 합리적인 사람이 되었어. 예전보다 많이 걱정하지도 않아. 안 좋은 일이 생겼거나 생길 것 같아도 모두 감수하게 되었어. 선하신 하느님이 그 일을 허락하신 거라고 여기고, 거기에 대해서는 더 이상 생각하지 않아."

사업상 예기치 못한 일이 생길 때에도, 하느님께서 당신 섭리의 손길로 돌보심을 알았다. "선하신 아버지이신 하느님께서는 아이들이 감당할 수 없는 그 이상은 절대 주시지 않아. 선하신 하느님이 짐을 덜어 주셨어. 알랑송 손뜨개 작업장은 서서히 나아질 거야." 젤리는 또 이렇게 고백했다. "나는 늘 희망을 가지고 일해." 젤리는 이냐시오 데 로욜라 성인이 얘기한 "모든 것이 하느님께 달려 있다는 듯이 기도하십시오. 또 모든 것이 우리에게 달려 있다는 듯이 행동하십시오."라는 말처럼 행동했다.

젤리는 이지도르가 약국 운영으로 어려움을 겪을 때 편지 한 통을 보냈는데, 이는 젤리의 직업관을 이해하는 데 도움을 준다.

언니가 네 일 이야기를 많이 하더라. 언니는 네가 여러 도시에 대리인을 둘 수도 있을 거라고 말하면서도 그것이 불가능할 만큼 어려울 거라고 생각해!

언니에게 너무 많이 생각하지 말라고 했어. 우리가 할 일은 선하신 하느님께 기도드리는 것 단 하나밖에 없다고 말했지. 나도 그렇고 언니도 그렇고 이 방법 말고는 너를 도울 수 없어. 하지만 하느님께서는 우리가 많이 힘들다는 것을 아시면 우리를 곤경에서 데리고 나오실 거야. 그러면 너는 네가 성공을 거둔 것은 네 능력 때문도, 네 지식 때문도 아니라 오로지 하느님 한 분 때문이라는 것을 알게 될 거야. 나도 그랬거든. 우리 알랑송 손뜨개 작업장에서 말이야. 이런 확신은 많은 도움이 돼. 내가 직접 경험했어.

우리 모두가 교만에 젖어 있다는 것은 너도 알거야. 나는 큰돈을 번 사람들 대부분이 감당하기 힘들만큼 교만해진 걸 자주 봤어. 내가 그런 사람이라는 말은 아니야. 너도 아니고. 정도의 차이는 있지만 우리도 교만으로 더럽혀져 있을 거야. 우리가 계속해서 번성한다면 하느님과 멀어지게 돼. 하느님께서는 자신이 선택한 사람들을 절대로 이러한 길로 이끌지 않으셔. 우리가 예전에 고통의 도가니를 거쳐야 했던 건 정화되어야 했기 때문이야.

너는 내가 설교를 늘어놓는다고 하겠구나. 하지만 내 의도는 그건 아니야. 내가 자주 생각했던 것을 너에게 말해 주는 거야. 네가 원한다면 이제부터는 설교라고 불러!

젤리는 평소처럼 유머감각을 발휘하여 자신의 경험을 생생하게 들려주었다. 루이와 젤리는 일과 신앙의 힘으로 적지만 어느 정도의 재산을 쌓을 수 있었다. 특히 젤리는 주일을 잘 지켰기에 성공할 수 있었다고 여겼다. 퐁뇌프 거리가 있는 그 동네는 일요일이 장날이어서 사람들이 몰려들었다. 두 사람의 친구들, 심지어 루이의 고해 신부도 일요일에 일을 하면 어떻겠냐고 설득했지만 허사였다. 그날 가게를 연다면 루이의 사업은 번창할 수도 있었다. 하지만 자신들의 사업을 하느님의 손에 맡긴 독실한 이 그리스도인들은 계명을 어기면서 어떻게 이득을 볼 수 있다는 것인지 이해하지 못했다. 두 사람은 부모를 공경하듯 계명을 지켰다.

"안식일을 기억하여 거룩하게 지켜라. 엿새 동안 일하면서 네 할 일을 다 하여라. 그러나 이렛날은 주 너의 하느님을 위한 안식일이다. 그날 너와 너의 아들과 딸, 너의 남종과 여종, 그리고 너의 집짐승과 네 동네에 사는 이방인은 어떤 일도 해서는 안 된다. 이는 주님이 엿새 동안 하늘과 땅과 바다와 그 안에 있는 모든 것을 만들고, 이렛날에는 쉬었기 때문이다. 그러므로 주님이 안식일에 강복하고 그날을 거룩하게 한 것이다."(탈출 20,8-11)

마르탱 가족은 더욱 넓은 범위에서 주일을 지켰다. 그들은 일요일에 영업을 하는 곳에는 협조하지 않았다. 젤리는 기차도 타지 않으려 했고, 루이는 장을 보는 것도 삼갔다. "나는 루이의 세심함에 감탄할 때가 자주 있어. 그럴 때마다 이렇게 혼잣말을 해.

'그는 큰돈을 벌려고 전혀 애쓰지 않는 남자야.' …… 그가 여유로운 삶을 누리는 것은 특별한 강복 덕분이지 다른 것 때문이라고 볼 수는 없었어. 그가 주일을 충실히 지킨 결실인 거야." 젤리는 당시 재정적 어려움을 겪고 있던 이지도르에게 루이처럼 휴식을 취하며 주일을 충실히 지킨다면 강복을 받을 수 있을 것이라고 조언해 주었다.

마르탱 부부에게 일요일은 휴일이라기보다는 거룩한 날이었다. 부부는 아침 첫 미사를 드리고, 성체를 모시며 행복해했다. 이어서 창미사를 참례하였고, 감사드리는 시간을 갖기 위해 가끔은 세 번째 미사도 드렸다. 온 가족이 모여 맛있는 점심을 먹고 난 후 아이들이 낮잠을 자거나 조용히 놀면 젤리는 편지를 쓰기 시작했다. 그리고 루이는 독서를 했다. 저녁 기도를 드리고 기분 좋게 산책을 하고 나면 모든 식구가 성체 강복을 하러 모였다. 마지막으로 가족들끼리 시간을 조금 보내다가 가족 기도를 드리면 하루가 끝났다. 젤리의 하루는 편지를 다 쓰고 나서야 끝났다.

부부는 재산을 안정적으로 확보해 놓았으므로 1872년부터 업무 강도를 낮출 수도 있었다. 평화로운 노후를 즐기기 위해 사업을 매각할 수도 있었지만 그렇게는 하지 않았다. 도의를 지키기 위해서였다. 작업자들이 일자리를 잃게 하고 싶지는 않았던 것이다. 또 다른 이유는 불분명하다. 젤리는 어린 시절에 집에 돈이 없다는 것이 무엇인지를 실감했기에 과도하게 일을 했고, 그래서 딸들을 미래를 위해 자금을 모아 두어야겠다고 생각한 것 같다. 결국 마리는 엄마의 직업을 극도로 싫어하게 되었다. 젤리가 스스로를 일의 노예라고 느꼈던 것처럼 마리도 그렇게 생각했다.

하지만 루이와 젤리가 돈만 생각했거나 사회적으로 신분을 상승하기 위해서 일한 것은 아니었다. 부부의 유일한 목표는 아이들에게 최고의 교육을 받게 하고 기회를 열어 주는 것이었다. "아이들에게 지참금을 마련해 주려면 애들 아빠와 열심히 일해야 해. 안 그러면 아이들이 컸을 때 서운하게 생각할 거야!" 젤리는 몇 년 뒤에 이렇게 쓰기도 했다. "키워야 할 아이들이 5명이나 되는데 이 회사를 포기한다는 것은 말도 안 돼. 아이들을 위해서 끝까지 일해야만 해."

루이와 젤리는 돈을 위해서만 일하지 않았다. 그렇기에 그들을 물질주의자라고는 할 수 없었다. 하지만 사춘기에 접어든 마리가 부유한 친구들이 사는 멋진 집을 부러워하기 시작했다. 젤리는 이 문제에 대해 이렇게 썼다. "마리가 (우리가 가진 것이 아닌) 다른 것을 꿈꾸고 있어. 그것을 갖게 되더라도 어쩌면 더 많은 공허함을 느끼게 될 거야. 나는 상상해. 내가 훌륭한 성에 살고 사람들이 갖고 싶어 하는 지상의 온갖 것에 둘러싸인다고 해도, 세상을 잊거나, 혹은 잊힌 채 홀로 작은 다락방에 있을 때보다도 더 큰 공허함을 느낄 거야." 젤리는 오로지 하느님만이 우리를 채워 주실 수 있다고 생각했다. 마르탱 부부는 하느님과 돈을 동시에 섬길 수 없음도 알았다. 그들은 돈을 경멸하지도, 우상화하지도 않았다. 평신도이자 부모의 소명으로 자기 자신에게는 합리적으로, 다른 사람에게는 관대하게 돈을 써야한다고 생각했다. 친구들과는 달리 루이와 젤리에게 돈은 간절한 대상이 아니었다. 부부는 돈을 벌었어도 간소한 생활을 유지했다. 옷은 항상 깨끗했으며, 가구는 품질이 좋으면서도 비싸지 않은 것을 골랐다. 평소에는 잘 먹었으며 축제 날이나 손님을 초대한 날에는 더욱 잘 먹었다. 하지만 두 사람은 필요하지 않은 것이나 지나친 사치품에는 돈을 쓰지 않으려고 했다. 두 사람은 《준주성범》의 문장을 자주 되뇌었다. "세상 것을 풍부히 가진다고 해서 그것이 사람에게 행복을 주는 것은 아니다. 아주 조금 갖고 있어도 그것으로 충분하다."

경제권은 루이에게 있었다. 루이는 생활비, 주식 투자, 기부금으로 나눠 예산을 어떻게 분배할지 정했다. 젤리도 돈에 대해서 해야 할 말이 있으면 의견을 냈다. 그리고 가끔은 루이를 난감하게 만들기도 했다. 1870년 전쟁 후, 젤리는 루이에게 부동산 자산

일부를 매각하자고 했다. 루이는 좋은 거래가 아님을 알았지만 넓은 마음으로 따랐다. 젤리의 친정이 전쟁으로 어려움을 겪고 있었는데, 자산을 현금화하면 그들을 도울 수 있기 때문이었다. 젤리도 자신이 돈 관리에는 재능이 없음을 알았기에 이 부분에서는 루이를 신뢰했다. 하지만 딸들의 옷을 살 때와 같이 소액을 지출하는 경우에는 젤리가 돈을 관리했다. 루이는 아내를 일부러 놀리기도 했다. 아이들의 옷장을 정리하기로 한 날, 젤리는 이렇게 썼다. "사실 나는 매일 뭔가를 사기만 해. 네 아빠는 그게 내 취미라고 하더라고! 사지 않으면 안 된다고 말해도 소용없어! 못 믿겠대. 그래도 네 아빠는 나를 신뢰해. 내가 네 아빠를 파산하게 만들지는 않을 거라는 건 잘 알지!"

사업에서도 루이와 젤리는 대단히 정직했다. 조금이라도 덜 주기보다는 차라리 속는 편이 낫다고 생각했다. 한번은 젤리의 아버지가 어느 사업가 때문에 손해를 보았다고 생각해 대금을 지급하지 않겠다고 했다. 그러자 그 사업가는 자식들에게 돈을 지급하라고 했다. 마르탱 부부는 이지도르 부부와 상의하지 않고 전액을 지급했다. 그에게 부담을 주고 싶지 않았던 것이다. "남편이 그러더라. '이지도르가 이 일에 관여하지 않았으면 해요. 그동안 당신에게 정말 잘해 주었잖아요.' 루이가 얼마나 착한지 보여 주고 싶어서 네게 이 이야기를 해 주는 거야."

루이는 1870년 조카에게 시계점을 되팔면서 20년 전 자신이 그 가게를 매입했을 때 금액 그대로를 받았다. 또한 마르탱 부부는 이지도르, 거래처, 돈이 필요한 사람들, 폐업 위기에 놓인 가게들 등 주위에 끊임없이 돈을 빌려 주었다. 물론 이자는 받지 않았다. 부부는 관대한 채권자였다. 전쟁으로 모든 것을 잃을 위험에 처했을 때도 두 사람은 궁지에 몰린 채무자들에게 어떠한 요구도 하지 않았다. 돈을 갚지 않아도 된다고 했으며, 채무자들을 불쌍하게 생각했다.

두 사람이 그렇게 부유하지 않던 시기에도 가족의 예산은 가난한 사람들, 사업, 교회를 위한 몫으로 항상 나눠져 있었다. 리지외에 홍수가 닥쳤을 때 마르탱 부부는 이재민을 돕기 위해서 곧바로 기부금을 마련했다. 1885년 루이는 이렇게 썼다. "주어라, 항상 주어라, 그러면 행복해질 거다."

6장

전교 부부

Louis and Zélie Martin

루이와 젤리는 자신들이 만나는 모든 사람들을 하느님께서 보내주셨다고 굳게 믿었다. 또한 하늘나라에 대해 말하기 전에 병자를 치유한 그리스도의 모습을 본받았다. 그리고 힘이 닿는 한 주변의 어려운 이웃을 도왔다. 마르탱 부부의 애덕은 일부 금액을 단체에 기부하는 데에만 그치지 않았다. 루이와 젤리는 어떠한 번거로움을 마다하지 않고 헌신하였다.

어느 날 루이는 길에서 형편이 어려운 한 가족을 알게 되었다. 그는 그 가족을 집으로 데려왔다. 루이는 그 가족 중 아버지에게 일자리를 알아봐 주려고 애썼고, 젤리는 음식을 준비해 주고 대화를 나누었다. 그들은 마르탱 가족의 정성어린 보살핌 덕분에 정상적인 생활을 되찾았다. 그리고 감사의 뜻으로 데레사가 태어났을 때 짧은 축시를 지어 보냈다. "이제 갓 싹이 텄구나. 너는 언젠가 장미꽃이 될 거야!"

두려움을 몰랐던 루이가 칼을 들고 다투는 사내들을 말리는 일도 여러 번 있었다. 또한 수영 실력도 뛰어나서 물에 빠진 사람들을 여러 명 구하기도 했다. 화재 경보음이 울리면 즉석에서 소방관이 되었으며, 불길에서 한 할머니를 구한 날도 있었다. 이런 영웅적 성향을 알고 있던 가족들은 규칙적인 생활을 하는 루이가 늦기라도 하면 걱정을 했다. "위험할지도 모르는 일에 또 뛰어든 것은 아닐까?"

하루는 루이가 기차역에서 한 걸인을 본 적이 있었다. 그 걸인은 하루 종일 구걸을 했으나 아무도 돕지 않았다. 그러자 루이는 자신의 모자를 벗어 그 안에 상당한 금액의 돈을 넣고 여행객들 한 명 한 명에게 모자를 내밀었다. 걸인 대신 구걸을 한 것이다. 루이는 가난한 사람들이 눈에 보이면 아낌없이 도와주었다. 어느 날 루이는 술에 취한 노동자가 길에 쓰러져 있는 모습을 보았다. 루이는 그 모습을 지나치지 않고, 그를 집까지 데려다 주었다. 그러고는 다음 날 그와 대화를 나누며 다시 시작할 수 있다고 설득하였다.

젤리도 루이 못지않았다. 셀린은 이렇게 썼다. "어머니도 아버지만큼 가난한 사람들에게 많은 애덕을 베풀었다. 가난한 사람들이 곤경에 빠지면 무슨 일이든 상관없이 어머니는 수고를 마다하지 않았으며 그들을 한없이 관대하게 대했다. 나는 어머니가 불쌍한 사람들을 우리 집에 묵게 하고 그들에게 돈을 주는 것을 자주 보았다."

어느 날 젤리가 기차를 탔을 때, 아이들을 데리고 가방 여러 개를 힘겹게 든 여성을 보았다. 젤리는 기차를 타고 가는 내내 그 여성을 도와주었으며 집까지 같이 가 주었다. 그래서 살고 있던 생 블레즈 거리에는 자정이 다 되어서야 도착했다. 루이는 기차역으로 젤리를 마중 나왔는데, 그 여성의 짐을 내려 주다가 팔에 아기를 안게 되었다. 루이는 아기를 안은 채 당황스러워했다. 젤리는 이렇게 썼다. "루이에게 드디어 우리 딸을 찾았다면서 집에 데려가자고 했어. 루이는 그렇게 기분이 좋아 보이지는 않더라!"

젤리의 올바르고 관대한 성품을 보여 주는 소소한 일은 또 있었다. 레오니는 성모 마리아 방문 수녀회 기숙사에서 돌아온 후, 1875년부터 알랑송에 사는 수녀 두 명에게 개인 교습을 받았다. 수녀들은 집에서 아르망딘이라는 여자아이를 기르고 있었는데, 이 아이를 위한 기부금을 요청하고 다녔다. 이를 들은 젤리는 아르망딘이 제대로 먹고 있는지 걱정되었다. 그래서 매일 레오니를 통해서 아르망딘에게 맛있는 간식거리를 보냈고, 자신이 식사까지 챙기겠다고 수녀들에게 제안했다. 그러다 아르망딘이 학대를 받는다는 것을 알게 되었다. "너무 화가 나서 입맛도 없었어." 젤리는 곧장 아르망딘의 엄마를 수소문했다. 젤리는 수녀들에게 자신이 격분했음을 알리는 편지를 썼고, 결국 수녀 한 명이 마르탱 가족의 집으로 찾아왔다.

우리를 찾아온 수녀는 말로 표현할 수 없을 만큼 상냥하게 굴더라. 수녀는 눈물을 흘리려고 애쓰면서 나에게 분명히 말했어. 자신을 성녀로 생각해 준다면, 내 앞에서 겸손해지겠다고 했지. 수녀는 15분 정도 이런 식으로 계속 말했어. 그래서 나도 말했지. "수녀님은 계속 성녀처럼 말씀하시네요. 수녀님보다 말을 더 잘하는 성인은 없었어요." 수녀의 안색이 밝아졌어. 수녀는 겸손함으로 나를 사로잡았다고 믿었고 내가 자신의 발 앞에 엎드릴 거라고 생각했지……. 하지만 나는 계속 말했어. "그런데 수녀님, 그 아이에게 그런 일을 견디게 하셨는데 그건 뉘우치셨나요?" 이 말을 들은 수녀의 표정이 험악해지더니 내 비난은 전혀 사실이 아니라고 말했어. 나는 화도 내지 않고 냉정하게 대답했어. 내가 편지에서 비난한 내용은 모두 사실이라고 말이야. 그러자 수녀는 최대한 분노를 억누르며 돌아갔어.

젤리는 수도자 복장에 현혹되지 않았다. 그리고 이 수녀들이 수도자가 아님을 알았다. 두 수녀는 마지막에 있었던 본당에서 쫓겨났음에도 수녀복을 입고 다닌 거였다. 게다가 편안하게 살기 위해 아르망딘을 이용했다. 불행하게도 젤리 외에는 누구도 두 사람의 속셈을 알아보지 못했다. 가짜 수녀들은 박해받은 성녀 행세를 하면서 젤리에 대해 최악의 소문을 퍼트리기 시작했다. 소식을 들은 아르망딘의 엄마가 젤리를 찾아와 이렇게 말했다. "수녀들 집에 다녀오는 길이에요. 저는 우리 아이를 데려가려고 했는데, 제가 문턱을 넘자마자 수녀들이 창문을 열더니 '사람 살려! 유괴범이 나타났어요!' 하고 소리치는 거예요. 사람들이 몰려들었고 건장한 남자 네 명이 나타나더니 제 손에서 아이를 빼앗아 갔지 뭐예요. 그러는 동안 수녀들은 부인과 제가 한 행동에 욕설을 퍼부었어요!"

젤리는 잠 못 이루며 하룻밤을 지새우고, 오래 기도를 드린 끝에 결국 경찰서에 가기로 결심했다. 루이와 아르망딘의 엄마가 젤리와 함께 갔다. 남들 앞에 나서는 것을 불편해하고 분쟁도 전혀 좋아하지 않는 젤리에게 이는 고된 일이었다. 수녀들은 이미 아르망딘에게 아무 말도 하지 말라고 겁을 주었고, 아르망딘의 안색을 좋게 하려고 술까지 먹였다. 수녀들은 경찰서에서 거짓 증거를 꾸며 댔고, 경찰들은 수녀들의 편을 들기 시작했다. 사람들이 자신을 감옥에 넣을 거라고 생각한 젤리는 이렇게 썼다. "이러다가는 내가 사기로 고발당할 것 같았어. 사람들은 피가 날 정도로 내 사지를 고통스럽게 하겠지만 내 몸에서는 피 한 방울 나오지 않을 거야! 나는 그렇게 믿어!"

하지만 지혜를 발휘한 젤리는 경찰들에게 수녀들이 없는 곳에서 아르망딘과 자신의 이야기를 들어 달라고 요청했다. 수녀들이 없는 곳에 있게 되자 아르망딘은 이제까지 당한 일을 모두 진술했고, 그제야 젤리는 안도할 수 있었다. 가짜 수녀들은 분개하여 극도로 흥분한 채 젤리에게 욕설을 퍼부었다. 루이가 젤리를 부축했고, 경찰이 개입했다. 사건은 잘 마무리되었으며 아르망딘은 엄마 곁으로 돌아갔다. 모든 사람이 젤리의 행동을 칭찬했다. 하지만 젤리는 이 모든 것은 자신이 아닌 하느님이 하신 일이라고 생각했다. 젤리는 하느님께 열의를 다해 기도했다. "나는 선하신 하느님께서 이 일에 도움의 손길을 주셨다고 믿어." 그 이후에도 가짜 수녀들은 마르탱 가족을 심하게 비방했다. 또 젤리의 노력에도 아르망딘은 엇나갔다. 젤리도 이를 막을 수 없었다.

젤리는 믿음을 가지고 이렇게 결론을 내렸다. "내가 운이 없었던 거야. 인간적으로 말하면 좋은 일을 해야겠다는 생각도 더 이상 안 생겨. 이번 일은 불행한 일이었지만 그래도 천상의 자비로운 시선을 느낄 수 있었으니 나에게는 가치 있었어. 그것으로 보답은 충분해." 젤리는 자신의 노력을 인정받기를 좋아했으며 사람들이 자신에게 고마워하는지에 크게 민감했다. 젤리는 사람들을 도와주어도 고마워하지 않는다고 자주 고백했다. 하지만 감정이 격해지기보다는 하늘나라를 바라보며 긍정적으로 생각했다. 젤리가 사람들을 도와준 것은 하느님을 위해서였지, 사람들이 고마워하기를 바랐기 때문은 아니었다.

루이와 젤리는 누군가에게 줄 수 있는 가장 소중한 도움은 물질적인 도움보다는 영적인 도움임을 알았다. 루이와 젤리에게 가장 중요한 것은 영혼의 구원이었으며, 가장 좋은 무기는 기도였다. 두 사람은 종교에 대한 무관심을 마음속 깊이 슬퍼했고 거리낌 없이 신앙을 증언했다. 한 번은 루이가 죽은 이의 영혼에게 메시지를 받는 모임에 초대받은 적이 있었다. 그는 온전히 호기심 때문에 그 모임에 참석했다. 사람들은 루이에게 영을 부르는 것을 같이 하자고 권유했지만 단호하게 거절했다. 그리고 마음속으로 기도하기 시작했다. 그날 저녁, 죽은 이의 영혼은 나타나지 않았다. 이런 루이의 태도를 비난하는 사람들이 없는 것은 아니었다. 하지만 어떤 사람들은 루이의 태도에 깊은 감동을 받아 교훈을 얻기도 했다.

두 사람이 각별히 마음에 품었던 지향도 있었다. 그것은 죽음의 문턱에 선 죄인들의 회심을 이끌어 내는 것이었다. 두 사람은 이를 불가능하다고 여기지 않았다. 어느 날 이지도르가 죽음을 앞둔 한 청년이 아직 회심을 하지 않았다는 이야기를 전해 주었다. 그 청년을 위해 온 가족이 마음을 모았다. 기도하고 미사를 봉헌했으며, 요셉 성인에게 의탁했다. 젤리는 9일 기도를 바쳤다. 마침내 그 청년은 임종하기 몇 시간 전에 성사를 받겠다고 했다. 이런 일은 한 번으로 끝나지 않았다. 마르탱 부부는 임종을 앞둔 모든 동네 사람이 마지막 성사를 받게 하겠다는 계획을 세웠다. 그래서 루이가 병자들의 집에 거룩한 성체를 가져다주는 모습을 쉽게 볼 수 있었다. 이미 오래전부터 루이의 애덕을 잘 알고 있었던 까닭에 다들 쉽게 문을 열어 주었다. 신앙생활을 하지 않는 한 여성이 죽음을 앞두자 젤리는 큰 충격을 받았다. "세상에나, 종교가 없는 집이라니 너무 슬퍼! 그 집 사람들은 죽음을 얼마나 고통스럽게 여길까! …… 선하신 하느님이 이 가엾은 여인을 불쌍히 여기시길. 이 분은 제대로 가르침을 받지 못했으니 충분히 용서받아 마땅해." 젤리는 그 여성이 병자성사를 받게 했으며, 두 아이들을 집에 데려가 돌보았다. 젤리의 기도는 이루어졌다. "페르낭드가 말해 주었는데 엄마가 마지막 순간까지 기도를 드렸대. 선하신 하느님께서는 자비를 베풀어 주실 거야." 젤리는 고아가 된 가엾은 고인의 아이들을 위해 기도했고, 그동안 루이는 부고를 전하는 일을 도맡았다.

이렇게 루이와 젤리는 만나는 사람들에게 경험담을 들려주고, 기도를 드리고, 행동으로 보여 주면서 기쁜 소식을 알리는 데 전념했다. 전교에 대한 열정은 두 사람을 더 먼 곳으로 이끌었고 보편 교회의 지향에도 동참하게 하였다. 매년 루이는 교황청의 전교 활동에 상당한 기부금을 냈으며 그 시기에 행해지던 파란만장한 전교 활동을 관심을 갖고 지켜보았다. 두 사람은 기도를 통해 전교 활동에 동참하였다.

마르탱 부부는 사제나 선교사가 될 아들을 낳기를 꿈꾸었다. 그러나 하느님께서는 생각지도 못한 데에서 이 희망을 충족시켜 주고 싶어 하셨다. 이 부부의 딸을 선교의 수호성인으로 세우신 것이다.

7장

시련의 시간

Louis and Zélie Martin

1866년부터 젤리는 아이들에게 모유를 먹일 수 없게 되었다. 아마도 암이 발병했기 때문이리라. 마르탱 부부는 어쩔 수 없이 아이들을 유모에게 맡겨야 했다. 루이와 젤리는 유모를 신중하게 물색한 후, 마침내 로즈 타이예라는 유모를 찾았다. 마음씨 좋은 농민이었던 로즈는 알랑송에서 8킬로미터 떨어진 세말레에 살았다. 로즈는 조제프 2명, 셀린, 데레사를 돌보기로 했다. 아이들을 염려하던 마르탱 부부에게 먼 거리는 문제가 아니었다. 아픈 아이를 위해서라면 16킬로미터, 심지어 32킬로미터를 걸어간 적도 있었기 때문이다. "가장 추운 날 밤이었고 눈도 와서 빙판길이었지만 그 시골을 향해 길을 나섰어. 남편에게 같이 가자고 하지 않았어. 무섭지 않았거든. 숲속이라도 혼자 걸어갈 수 있었을 거야. 하지만 남편은 내가 자기 없이 혼자 가는 것을 좋아하지 않았어." 아이들과 떨어지면서 두 사람의 가슴은 무너져 내렸다. 어느 날 데레사는 젤리를 알아보지 못하는 듯 유모의 팔에 안기고 나서야 울음을 그쳤다. 이 가슴 아픈 헤어짐은 앞으로 다가 올 더 크나큰 고통을 예고하는 듯했다. 마르탱 부부는 3년 만에 식구들 5명의 장례를 치르게 된다. 젤리의 아버지 그리고 아이들 4명의 장례식이었다.

1866년 9월에 태어난 조제프의 죽음은 그들이 겪었던 첫 번째 시련이었다. 장남 조제프는 루이와 젤리의 행복이었다. 젤리는 알랑송 손뜨개 작업장에서 바느질을 하며 사제가 된 조제프가 입을 장백의를 상상했다. 하지만 로즈 타이예의 정성어린 보살핌에도 조제프는 5달 후 장염으로 세상을 떠났다. 이 일을 다룬 유일한 글은 마리 도지테 수녀가 부고에 보낸 답장이다. "사랑하는 동생에게, 어떻게 너를 위로할 수 있을까? …… 하느님이 조제프를 우리에게 주시더니 다시 데려가셨구나. 조제프의 거룩한 이름이 축복을 받기를! 오늘 아침 성체를 모시면서 주님께 가엾은 조제프를 우리 곁에 남게 해 달라고 기도드렸어. 그렇게 된다면 주님의 영광을 위하고 사람들의 영혼을 사로잡을 수 있도록 조제프를 기르고 싶다고 기도드렸어. 그러자 내면에서 이런 응답이 들리는 것 같았어. 주님은 맏물을 원하셨고 너에게 나중에 또 다른 아이를 주실 거야. 그 아이는 우리가 바라는 대로 될 거야."

이 기도에 응답이라도 하듯 1867년 12월 두 번째 남자아이가 태어났다. 부부는 그 아이에게도 조제프라는 이름을 지어 주었다. 하지만 조제프도 이듬해 8월 세상을 떠났다. 마리 도지테 수녀는 다시 한번 이렇게 썼다. "비둘기장 주인이 천국에 데려가려고 수비둘기 새끼를 잡으러 왔구나. 온 힘을 다해 그 주인의 뜻에 따르자."

부부에게는 슬픔을 추스를 잠시의 여유도 허락되지 않았다. 그로부터 채 10일이 안 되어 젤리의 아버지가 세상을 떠난 것이다. 젤리는 아버지 곁을 절대로 떠나지 않았으며, 무뚝뚝하지만 선량한 아버지에게 깊은 애착을 느꼈다. 젤리는 이렇게 썼다. "고통으로 마음이 찢어지지만 동시에 천상의 위로가 마음을 채워 주고 있어." 젤리의 반응은 가경자 마들렌 델브렐의 아름다운 글을 더 잘 이해하게 해 준다.

사랑하는 사람들을 떠나보낼 때마다 우리는 죽음을 배운다. 신앙과 희망을 한데 모으고, 떠난 사람들에게 애덕을 품으면서 우리는 그들이 돌아갔음을 알게 되어 기쁘다고 말한다. 하지만 그럴 때조차 우리가 머무는 곳은 이에 저항하는 우리의 피, 패이고 상처 난 우리의 살 속이다. 누군가 우리 살에서 커다란 조각을 죽인 것 같다. 지상과 암흑과 추위의 이 고통은 예수님도 눈물 흘리게 만든다.

젤리는 이렇게 이야기했다.

토요일에는 여기저기로 아버지를 찾아다녔어. 어디선가 아버지를 발견할 것 같았거든. 아버지와 영원히 헤어졌다니 도저히 믿을 수 없었어. 어제는 묘지에 갔어. 사람들이 나를 봤다면 이렇게 말했을 거야. "저기 봐, 세상에 초연한 사람이군." 나는 아버지 무덤 발치에 무릎을 꿇었어. 기도도 드릴 수 없었어. 몇 발자국 떨어진 곳에 있는 우리 두 아기 천사들의 무덤 앞에서도 무릎을 꿇었어. 역시 세상에 초연한 사람처럼 보였을 거야……. 5주 전에 우리 아기와 아버지와 같이 걸었던 길을 다시 걸었어. 내가 느꼈던 것을 전부 다

말할 수는 없을 것 같아. 주변에 지나가는 것에는 전혀 관심을 두지 않았어. 아버지가 앉아 있었던 곳들을 바라보았어. 아무 생각도 하지 않고 거기 가만히 서 있었어. 살면서 이렇게 가슴이 조이는 느낌은 처음이야. 집에 도착해서도 아무것도 먹을 수 없었어. 지금으로서는 그 어떤 것도 무감각하게 느껴져.

한 달 후, 부부는 성모 마리아 방문 수녀회의 기숙 학교로 큰 딸 두 명을 보내며 다시 이별을 겪었다. 젤리는 온몸으로 이 모든 시련을 느꼈다. 두통, 치통, 불면증, 식욕 감퇴……. 우울증에 빠질 때도 있었다. 젤리의 안색이 좋지 않았기 때문에 많은 사람들은 젤리가 딸들과 일찍 재회할 것이라고 예상했다. 하지만 강한 엄마였던 젤리는 이렇게 대답했다. "죽을 시간도 없어. 지금 해야 할 일이 얼마나 많은데!"

그로부터 18개월 후 1870년 2월 22일, 죽음이 사랑스러운 어린 딸 엘렌을 앗아 갔다. 그때 엘렌의 나이는 5살이었다. 엘렌은 몇 달 전부터 기력이 없더니 가슴이 갑갑하다고 하다가 갑자기 세상을 떠났다. 젤리는 이렇게 이야기했다.

엘렌은 의사가 처방해 준 물약이 든 병을 쳐다보았어. 의사는 엘렌에게 이 약을 다 마시면 나을 수도 있다고 말했지. 9시 45분쯤 엘렌이 말했어. "응, 얼마 후면 나을 거예요, 응, 곧바로……." 그 순간 나는 엘렌을 부축했고 엘렌은 작은 머리를 내 어깨로 떨어뜨리더니 눈을 감았어. 그리고 5분 뒤에 엘렌은 이제 없었어…….

이 감정은 절대 잊지 못할 거야. 나도 남편도 이렇게 갑작스러운 이별은 예상하지 못했어. 집에 돌아온 남편은 세상을 떠난 딸을 바라보더니 "우리 엘렌! 우리 엘렌!"이라고 울부짖으면서 오열하기 시작했어. 그리고 우리는 엘렌을 선하신 하느님께 봉헌했어. …… 장례식 전날 나는 가엾은 우리 딸 옆에서 밤을 보냈어. 엘렌은 여전히 예뻤고 죽었다기보다는 살아 있는 것 같았어. 나는 엘렌에게 옷을 입히고 엘렌을 손수 관에 넣었어. 죽을 것만 같았지만 엘렌에게 다른 사람의 손길이 닿는 것은 싫었어. …… 나는 평생 우리 엘렌의 명복을 빌 거야!

젤리는 정말로 그렇게 했다. 마찬가지로 루이도 생의 마지막 순간을 맞을 때까지 엘렌을 애도하며 작가 샤토브리앙의 시 구절을 되뇌었다. "오! 누가 우리 엘렌을 나에게 되돌려 줄 것인가?" 사랑하는 사람을 죽음으로 떠나보낸 고통에 죄책감이라는 신랄한 고통이 더해졌다. 젤리는 엘렌이 원해서 음식을 간단하게만 준비해 주었던 것을 평생 후회했다. 이 때문에 엘렌에게 불행이 닥쳤다고 생각했다. "다 내 탓이야." 젤리는 이렇게 썼다. 젤리는 아기들이 큰 병에 걸릴 때마다 이 경험을 되풀이했다. "어떻게 해야 할지, 어떻게 대처해야 할지 모르겠어. 우리가 아기에게 안 좋은 걸 준 건 아닌지 걱정돼. 죽음이 이어지고 있어. 이제야 고통이 뭔지 알 것 같아. 과연 연옥이 이 고통보다 더 끔찍할지는 모르겠어." 젤리를 괴롭힌 불안은 또 있었다. 젤리는 엘렌에게 죽기 전 고해를 할 기회를 주지 못했다고 쓰라리게 자책했다. 젤리는 자신의 아이가 연옥에서 고통받을지도 모른다는 생각을 견딜 수 없었다. 고통 가운데에서 젤리는 성모상을 돌아보았다. 곧바로 아주 온화하게 속삭이는 소리가 들렸다. "그 아이는 여기, 네 곁에 있단다."

 이 일은 마르탱 부부에게 아마도 가장 고통스러운 죽음이었을 것이다. 젤리도 이번에는 충격을 이겨 내기 힘들어했다.

 앓아눕지는 않았는데 그래도 몸 상태가 전혀 좋지 않아. 자주 열이 나는데 더 정확하게 말하자면 매일 그래. 많이 아프지는 않아도 두통이 끊이지 않고 전체적으로 쇠약해졌어. 기운도 없고 활동적인 일을 할 수도 없어. 용기가 안 나. 가끔은 나도 우리 엘렌처럼 살며시 가 버리는 상상을 해. 나는 삶에 아무 집착도 하지 않는다고 분명히 말할 수 있어. 엘렌을 잃은 뒤부터 엘렌을 다시 보고 싶다는 욕구가 타오르는 것을 느껴. 하지만 남은 사람들에게는 내가 필요해. 나는 그 사람들 때문에 나를 몇 년 더 지상에 남게 해 달라고 선하신 하느님께 기도드려.

젤리는 다시 아이를 가졌기에 더욱 힘을 내고자 했다. 1870년 8월 16일 첫 번째 데레사가 태어났다. 젤리는 이번에도 모유 수유를 하지 못했는데, 로즈가 개인 사정상 데레사를 맡아 줄 수 없게 되었다. 루이는 이 도시에서 가장 훌륭하다는 유모 이야기를 들었다. 마르탱 부부는 그 유모에게 아기를 맡겼지만 아기는 조금씩 약해져 갔다. 부부는 유모가 아기를 제대로 먹이지 않는다는 사실을 빨리 알아차리지 못했다. 두 사람이 아기를 데려왔을 때는 이미 너무 늦었다. 아기는 기력을 차리는 듯 했지만 며칠 후 젤리의 무릎 위에서 끔찍한 고통을 겪으며 죽었다. 젤리는 가슴이 찢어졌다. 젤리는 이지도르에게 이렇게 썼다. "나도 죽고 싶어!"

하지만 루이와 젤리가 고통으로 괴로워할 시간은 없었다. 한 달 뒤, 새로운 시련이 두 사람을 기다리고 있었다. 전쟁이었다.

죽음 앞에서 보여 준 마르탱 부부의 모습은 인상적이었으나, 그들도 불사조는 아니었다. 젤리는 고백했다. "하느님! 고통스러워하는 것도 진절머리가 납니다! 제게는 조금의 용기도 남아 있지 않습니다." 다른 아이들도 잃게 될 것이라는 두려움 속에서 젤리의 불안은 커져 갔다. "이 아이 때문에 정말 힘들어. 나는 녹초가 됐고 오래 살지 못할 거 같다는 느낌이 들어. 아이를 간호했던 지난 6일 동안 나는 매일 열이 났어. 이 열은 내가 피곤하거나 두려워서 나는 게 아니야." 셀린은 장염 증세를 보였고 한동안 피곤해했다. 루이와 젤리는 셀린을 보며 엘렌이 앓았던 마지막 병이 떠올리며 고통스러워 했다.

두 사람의 인생관에서도 이 시련의 흔적을 엿볼 수 있다. "그러니까 있잖아, 사랑하는 언니. 가장 행복한 사람은 가장 불행하지 않은 사람일 뿐이야. 가장 지혜롭고 순수한 사람은 언제나 하느님의 뜻을 감수하고 가능한 한 가장 용기 있게 자신의 십자가를 질 준비를 하는 사람이야." 쓰라린 경험을 했지만 원통해하지 않고 본질을 향하는 모습을 보여 주는 말이다.

루이와 젤리는 다른 사람의 고통에 무감각하지 않았으며, 그들에 대한 연민을 북돋았다. 젤리의 남동생 이지도르와 셀린 부부가 어린 아들 폴을 잃자 마치 자신들의 아이를 잃은 것처럼 슬퍼하였다. "루이는 네 고통에 매우 공감했고 끊임없이 그 이야기를 했어. 우리는 네 가엾은 아내가 6개월 전부터 겪어야 했던 모든 고통과 근심을 되돌아봤고 슬픈 이별을 아파했어." 그리고 나서 젤리는 자신의 경험에서 우러난 세심함과 성숙함으로 남동생의 부인을 위로하려고 정성을 다했다.

그들은 어떻게 원통해하지도 않고 분노하지도 않은 채 이 모든 죽음을 견딜 수 있었을까? 답은 시련을 겪으면서 미약하나마 고통의 신학을 만들어 낸 두 사람의 깊은 신앙에 있었다. 마음속 깊은 곳에서부터 겸손했던 루이와 젤리는 하느님 앞에 자신들의 위치가 어디인지 알았다. 삶과 죽음의 주인은 자신이 아니었다. 젤리는 하느님이 부르신 아이들 이야기를 하면서 주저하지 않고 이렇게 썼다. "주인은 선하신 하느님이야. 그분은 내 허가를 받지 않으셔도 돼."

아이들의 죽음은 이토록 겸손한 마르탱 부부를 더 성장시켰다. 두 명의 조제프가 세상을 떠난 후, 부부는 미래의 사제가 될 아들을 보내 달라고 하느님께 간청하는 것을 중단했다. 그리고 오로지 하느님의 뜻이 완수되기만을 간청했다.

분명히 주님은 두 사람의 아이들을 당신의 곁으로 데려가셨지만, 마르탱 부부는 영웅적 내어 맡김으로 아이들을 그분께 봉헌했다.

"아무도 나에게서 목숨을 빼앗지 못한다. 내가 스스로 그것을 내놓는 것이다."(요한10,18) 두 사람은 이와 같은 자유로움을 발휘하며, 자신들의 삶보다 더 소중한 아이들의 삶을 하느님께 봉헌했다. 데레사는 훗날 십자가 아래 있는 성모님을 보며 제단에서 거룩한 희생을 봉헌하는 사제의 모습을 보았다. 부부는 시련을 겪었던 성모님처럼 아이들의 죽음을 겪을 때 고통 속에서도 굳은 믿음을 갖고 하느님께 아이들을 봉헌하였다. 그리고 역설적이게도 구원의 기쁨을 느꼈다.

두 사람은 시련 속에서 하느님의 손길을 깨달았다. 고통과 죽음은 이제 불합리한 것이 아니라 딸 데레사가 말한 것처럼 "사랑의 매"였다. 하느님께서는 시련에서 은총이 나온다는 것을 아시고 끊임없이 자녀들과 동행하신다. 이것이 마르탱 부부의 고통의 신학이었다. 그들은 이 신학을 깊이 있게 경험하고 구현하였다. 젤리는 또 한 번의 죽음을 겪은 후에 이렇게 정리했다. "사랑하는 내 동생, 우리 투덜대지 말자. 주인은 선하신 하느님이야. 그분은 우리에게 도움이 된다면 우리를 이보다 더한 고통 속에 두실 수 있어. 하지만 언제나 우리에게 구원과 은총을 주실 거야." 이 모든 고통에도 선하신 하느님 아버지를 향한 젤리의 믿음은 전혀 흔들리지 않았다. 젤리는 이 슬픈 시기를 돌아보며 덧붙였다. "하느님께서는 우리의 힘을 넘어서는 그 이상은 절대 주지 않으셔. …… 나는 사업과 온갖 고민에 시달렸지만 하늘에서 나를 지탱해 주신다고 굳게 믿어."

하느님 아버지의 자애로움과 섭리를 향한 두 사람의 믿음 외에도 세상을 떠난 아이들이 하늘나라에 있다는 희망도 두 사람에게 힘이 되었다. "이 아이는 하늘나라에서 행복하니 그것으로 나는 위로를 받아." 사람들이 선의의 뜻에서 아이들을 잃느니 차라리 낳지 않는 것이 나을 거라고 말하면 젤리는 격분했다. "내 고통과 근심을 우리 아이들의 영원한 행복과 견줄 수 있다고 생각하지 않아."

두 사람은 그들의 어린 천사들과 함께 천상의 성인과 지상의 성인이 일치를 이루는 경험을 하였다. 젤리는 첫째 조제프가 세상을 떠나고 5주일이 지났을 때, 엘렌을 위해 조제프에게 기도해야겠다는 영감을 받았다. 엘렌은 심각한 중이염에 걸렸고, 의사들도 손을 쓸 수 없던 상태였다. 그런데 다음 날 엘렌의 귀가 씻은 듯이 다 나은 것이다. 루이와 젤리는 하늘나라에 있는 자신의 아이들에게 기도하며 많은 은총을 받았다. 마르탱 가족에게 세상을 떠난 아이들은 여전히 그들 곁에 있었다. 마르탱 가족은 죽은 아이들에 대해 이야기했고, 그 아이들에게 말을 걸었으며, 가족의 삶에 동참하게 해 주었다. 그러면서 하늘나라에서 다시 만날 기쁨의 순간을 기다렸다. 데레사도 사춘기를 겪으며 하늘나라에 있는 언니 오빠 네 명의 도움에 기댔다고 말했다. 언니 오빠들이 도움을 주지 않은 적은 한 번도 없었다. 죽음의 고통을 겪었음에도 젤리가 어떻게 "하늘나라에 아이가 있어 행복해."라고 진심으로 말할 수 있었는지 이제야 이해하게 된다. 루이와 젤리는 주변에도 이 아름다운 사실을 말해 주었다. 두 사람은 경험자로서 따뜻한 조언을 해 주었으나, 그렇다고 가르치려고 들지는 않았다. "사랑하는 언니, 언니도 알겠지만 하늘나라에 아이가 있다는 것은 정말 좋아. 하지만 그렇다고 아이를 잃는 것이 고통스럽지 않다는 뜻은 아니야. 그것은 우리 인생의 큰 고통이거든."

젤리가 말했듯이 "언제나 고통 옆에는 기쁨이 있다." 마르탱 부부는 불행 속으로 빠져들지 않았다. 그리고 서로 기쁨을 주고받고 아이들에게도 기쁨을 주며 그 순간을 누려야 함을 알았다. 시련 속에서도 집안에는 즐거운 분위기가 자주 감돌았다.

1870년 7월 19일, 프랑스가 프로이센에 선전 포고를 하며 프로이센-프랑스 전쟁이 발발했다. 하지만 프랑스군은 열악하여 준비도, 통솔도 제대로 되지 않았다. 게다가 수적으로도 밀렸다. 결과는 패배였다. 9월 2일 나폴레옹 3세 황제는 스당에서 항복했고 왕위를 잃었다. 그 후 제3공화정이 선포되었다. 그 시기 공화정 체제는 여전히 유혈 공포 정치와 반교권주의를 연상시켰으므로 마르탱 부부에게는 희소식이 아니었다. 부부는 상황이 나쁘게 전개될까 봐 오랫동안 두려워하였으며 혁명을 우려하여 재산을 한데 모아 두기까지 했다. 프로이센군은 점점 프랑스를 침범했고 알랑송 근처까지 왔다. 알랑송 시민 절반이 서쪽으로 피난을 갔는데, 재산을 숨기고 서로 싸우기까지 했다.

젤리는 알랑송이 침략당할 거라고 예상하면서도 대단히 침착하게 대응했다. 그동안 그 많은 이별을 경험하였기에 그 무엇도 두렵지 않았다. 가족을 너무나 사랑했던 루이는 가족을 생각해서 군사적인 대반격에는 가담하지 않기로 했다. 하지만 군인의 아들이자 용맹한 애국자인 루이에게 이것은 포기를 의미했다. 결국 루이는 목숨을 잃을 수도 있는 위험을 무릅쓰고 적군이 전진하는지 여부를 살피는 정찰병으로 참전했다. 프로이센군은 12월에 르망에 도착했다. 젤리는 르망에 있는 두 딸의 안전이 염려스러워 집으로 데려오기로 했다. 도착해 보니 르망은 전쟁으로 황폐화되어 있었다. "우리가 마주친 것은 슬픔과 황량함뿐이었어. 가슴이 조여 왔어." 젤리는 가족과 조국의 상황을 생각하며 이렇게 덧붙였다. "우리는 정말 불행해. 이렇게 불행했던 적은 없었어."

1월 초, 프로이센군은 알랑송까지 진출했다. 젤리는 이렇게 썼다. "우리가 얼마나 불안한지 말로 다 설명할 수 없을 거야."

퐁뇌프 거리에 포탄이 떨어졌지만 마르탱 가족의 집은 무사했다. 모든 식구는 방공호로 피신했다. 전투는 잠깐이었지만 유혈이 낭자했다. 엄청난 무기로 무장하고 알랑송을 뚫고 들어온 프로이센군의 수는 2만 5천 명에 달했다. 군인들의 군모에는 검은 깃발과 사망자의 머리가 매달려 있었다. 그 모습을 본 마르탱 부부의 가슴은 공포로 가득 찼다. 병사 9명에게 숙식을 제공하라는 강요를 받았지만 젤리는 당황하지 않았다. "병사들과 지낸다고 해서 불편하지 않아. 병사들이 지나친 요구를 하면 그것은 불가능하다고 말해."

한편 루이는 지칠 대로 지쳤고, 조국의 쓰라린 패배와 그로 인한 황폐함에 가슴 아파했다. 지역 일부는 폐허가 되어 버렸고 식량은 부족했다. 환자와 부상자의 수가 수천 명에 이르렀다. 젤리는 큰 상처를 받은 나머지 며칠 동안 먹지도 자지도 못하는 루이를 안심시켜 주었다. 여기서 젤리의 빛나는 힘을 엿볼 수 있다. 젤리도 이 불행 앞에 무너졌을 수도 있었지만 단호한 믿음을 가졌다. "나를 제외한 모두가 울고 있어." 젤리는 이 세상의 것에 얽매이지 않았다. "그래도 어떻게 하겠니. 이 고통이 지나가면 그나마 남은 부스러기라도 모아서 그 얼마 안 되는 걸 가지고라도 살아갈 방도를 찾아봐야지."

이 상황에서도 마르탱 부부는 애국심에 더하여 인간미를 보여 주었다. 자신의 집에 머무는 병사가 슬픔에 빠지자 그 분위기를 감지한 젤리는 달콤한 음식을 주고 시간을 내어 그와 이야기를 나누었다. 또 다른 병사는 루이의 가게에서 보석을 훔친 뒤 발각되기도 했다. 그 병사가 이 일로 사형을 선고받자 루이는 그의 사면을 청했다.

또한 조국의 미래에 대한 그들의 믿음을 되살아나게 해 준 하늘나라의 표징도 있었다. 1871년 1월 17일 신문을 읽던 젤리는 루이에게 달려갔다. "성모님이 퐁맹에 발현하셨대요. 우리는 살았어요!"

그로부터 10일 후 정전 협정이 체결되었고 프로이센군은 프랑스를 떠났다. 하지만 전쟁의 흔적은 퐁뇌프 거리에 남았다. 가옥은 눈뜨고 볼 수 없을 지경이었고, 빌려준 돈을 돌려받을 수도 없었으며, 상점은 일시적인 어려움에 빠졌다. 마르탱 부부는 빠르게 회복해 갔다. 그러나 루이는 사랑하는 도시 스트라스부르가 함락되었음을 알게 되자 그 고통에서 벗어나지 못했다.

모든 시련이 지나간 후, '현대의 가장 위대한 성인'으로 불린 아기 예수의 데레사 성녀가 태어났다. 젤리는 이 아이의 모든 것을 주님께 내어 맡겼다. "아기가 잘 자랐으면 좋겠어. 불행이 늘 같은 집만 찾아오는 건 아니잖아. 선하신 하느님의 뜻이 이루어지기를!"

젤리는 데레사를 임신 중이었을 때 아기를 잃을지 모른다는 두려움에 매일같이 악몽을 꾸었다. 하지만 언제나 그랬듯이 이 기간은 특별한 행복의 시간이기도 했다. "이 아기를 품은 동안에는 다른 아이들 때와는 달리 전혀 없었던 일이 생겨. 내가 노래를 부르면, 아기도 나와 함께 노래를 불러……. 너희들에게만 말하는 거야. 아무도 믿지 못할 테니까."

데레사는 1873년 1월 2일 세상에 태어났다. 하지만 데레사가 병에 걸리며, 젤리의 두려움이 현실이 되었다. 앞서 태어난 데레사의 죽음에 충격을 받았던 루이와 젤리는 자신들의 힘으로 아기를 먹이면서 곁에 두고 보살피려고 노력했다. 그러나 다른 수가 없었기에 로즈가 있던 세말레로 달려갔다. 젤리와 로즈는 가능한 한 빨리 생 블레즈 거리로 돌아왔다. 하지만 데레사는 죽음을 앞두고 있었다.

나는 내 방으로 올라가 요셉 성인의 발아래 무릎을 꿇고 아기의 치유를 빌며 은총을 간청했어. 그러면서도 하느님이 이 아기를 데리고 있길 원하신다면 선하신 하느님의 뜻을 받아들이겠다고 했어. 나는 자주 눈물을 흘리는 편은 아니지만 기도를 드리는데 눈물이 났어. 아래층으로 내려가도 될지 모르겠더라……. 결국 내려가기로 결심했어. 내가 무엇을 보았을 것 같니? 아기가 온 힘을 다해 젖을 빨고 있었어. 오후 1시쯤 되어서야 아기는 젖을 먹는 것을 멈췄어. 몇 모금을 뱉어 내더니 죽은 것처럼 유모에게 쓰러졌어. 아기 곁에는 모두 5명이 있었는데 모두가 충격을 받았지. 작업자 한 명은 눈물을 흘렸고 나는 피가 얼어붙는 느낌이었어. 겉으로 봐서는 아기는 전혀 숨을 쉬지 않았어. 아기가 살아 있다는 표시를 발견하려고 고개를 숙였지만 허사였어. 아무런 표시도 보이지 않았어. 하지만 아기는 너무나 고요했고 평화로워서 나는 선하신 하느님께 아기가 이렇게 편안하게 죽게 해 주심에 감사드렸어. 그런데 15분이 지나자 우리 아기 데레사가 눈을 뜨더니 미소를 지었어.

회복된 데레사는 로즈의 집에서 1년을 살았다. 루이와 젤리에게 이별은 여전히 잔인했다. 하지만 부부는 아기가 건강하게 지내며 보살핌을 받고 있다는 것으로 위안을 삼았다.

같은 해 1873년, 이번에는 마리가 장티푸스에 걸렸다. 깜짝 놀란 루이와 젤리는 열로 인해 헛소리를 하는 딸의 머리맡을 번갈아 가며 지켰다. 마리의 병이 오래가자 루이는 마리의 치유를 간청하기 위해 알랑송에서 15킬로미터 떨어진 곳으로 순례를 떠났다. 오로지 걸어갔으며 음식을 먹지도 않았다.

젤리는 자신이 세상을 떠나면 마리가 집안 살림을 이끌 거라고 믿는다고 말했다. 마리에게 삶의 의지를 북돋기 위해 했던 이 말은 기대했던 효과를 불러오지 못했다. 마리는 엄마도 언젠가 죽는다는 사실을 갑자기 깨달은 것이다. 이 일화는 그간의 경험으로 한 순간에라도 목숨을 잃을 수 있다는 것을 깨달았던 젤리가 일찍부터 가족의 앞날을 계획하고 있었음을 보여 준다.

마침내 회복된 마리를 보며 루이와 젤리는 크게 안도했다. 젤리는 마리에게 병에서 완전히 나은 다음에 할 수 있는 일들을 열거하면서 몇 시간을 보냈다. 루이는 너무 행복해서 마리의 청은 무엇이든 들어 주었다. 어느 날 저녁, 아직은 겨우 일어설 수만 있었던 마리가 나머지 식구들과 함께 저녁 식사를 하겠다고 고집을 피웠다. "나는 안 된다고 강하게 맞섰어. 마리는 눈물을 흘리기 시작했고 결국 애 아빠가 그렇게 하자고 물러섰어!" 하지만 젤리는 의사의 조언대로 마리에게 수프 외의 다른 것은 먹지 못하게 했다. 애원하는 눈으로 아빠를 바라보는 이 소녀의 눈빛이 상상이 간다……. 루이는 잔꾀를 냈고 젤리는 재미있다는 듯 이 모습을 바라보았다. "애 아빠가 마리에게 먼저 치즈를 두 입 거리만 주더라고. 그러더니 이것도 주고 저것도 주고……."

마리가 몇 주 동안 병을 앓는 동안에도 젤리는 폴린을 잊지 않았다. 언니와 처음으로 떨어져 있어야 했던 폴린은 수녀원에 홀로 남아 있었다. 젤리는 밤낮으로 마리를 간호하고 일하고 다른 아이들을 돌보느라 밥 먹을 시간도 없었다. 하지만 그 와중에도 폴린에게 수시로 편지를 보내며 가족의 소식을 전해 주었다. 폴린은 마리가 걸렸던 장티푸스를 피하기 위해 방학 중에도 수녀원에서 지냈다. 젤리는 그런 폴린을 위로할 수 있는 일은 뭐든지 다했다. 젤리는 직업을 가질 준비가 되어 있던 폴린에게 원한다면 알랑송 손뜨개 작업을 배워 보라고 제안했다. 그리고 폴린에게 필요한 모든 재료를 보내면서 초콜릿도 넉넉히 넣었다.

뒤이은 몇 년은 좀 더 평화로웠다. 전쟁 후 경제가 회복되었고 마르탱 부부와 이지도르 부부도 경제적인 안정을 되찾았다. 루이와 젤리의 사업은 그 어느 때보다 잘 되어서 두 사람이 지칠 정도였다. 이지도르의 약국도 수익을 올리게 되었다. 젤리는 이지도르가 경제적 부진에서 빠져나오는 것을 보고 안도하였다. 그 시기 이지도르는 교회 활동에도 참여하였는데 젤리는 이를 흐뭇하게 바라보았다. 이지도르는 1874년에 리지외에서 빈첸시오 아 바오로회와 가톨릭 모임이 창설되는 데 기여했고, 교구 위원회 위원이 되었다. 다정한 누나였던 젤리는 이지도르가 더 높이 올라갈 수 있도록 응원했다. "너는 유능한 사람이 될 거야. 그래서 나는 정말 행복해. 하지만 무엇보다도 나는 네가 성인이 되었으면 좋겠어." 젤리는 겸허하게 덧붙였다. "다른 사람들의 성덕을 바라기 전에 나도 그 길을 갈 수 있으면 좋겠어. 나는 하지 못하는 것이지만 그래도 그렇게 되기를 희망해야 할 거야."

1875년 여름, 마리는 기숙사에서 집으로 완전히 돌아와 젤리를 도왔다. 젤리는 집의 안주인이자 엄마로서 자신의 노하우를 마리에게 전수했다. 엄마의 조언을 들었음에도 마리가 한번은 데레사에게 음식을 너무 많이 주었다. 그 바람에 배탈이 난 데레사를 젤리가 밤새 간호해야 했다. 하지만 마리에게는 좋은 교훈을 배웠을 것이라는 말만 하고 넘어갔다. 혈기왕성한 마리는 가끔씩 동생들에게 지나치게 엄격했다. 어느 날 마리는 하고 싶은 희생만 골라서 한다면 어떠한 희생도 할 필요가 없다고 가혹하게 말하며 셀린을 깨우치려 했다. 젤리는 이번 일을 기회 삼아 마리에게 엄마의 지혜에서 우러난 교훈을 주었다. "마리에게 동생을 의기소침하게 만드는 것은 옳지 않다고 말해 주었어. 어린아이들이 커 가는 소소한 일상 안에서 성인이 되는 것이지, 한순간에 갑자기 성인이 되는 것은 불가능하다고 말했어."

젤리는 인내심을 가지고 자신을 대신할 마리를 가르쳤다. 젤리가 섭리를 따랐다고 말할 수도 있을 것이다. 훗날 리지외의 가르멜회 수녀가 된 마리가 어린 수녀들을 가르쳤던 교육 방식에서도 젤리의 단호하고 다정한 손길을 찾아볼 수 있다. 젤리는 마리가 셀린과 데레사를 돌보는 동안 차분하게 일을 할 수 있었다. 분주했던 엄마는 자신의 짐이 가벼워지고 있음을 알 수 있었고 폴린이 집으로 돌아오면 더 나은 날들이 올 것이라고 희망했다.

"나는 이루어질 수 없는 계획을 세우고 있어. 나는 행복과 평화를 꿈꿀 뿐인데!" 젤리의 꿈은 비로소 모인 가족들과 이 순간을 누리는 것이었다. 하지만 젤리가 쓴 마지막 말은 다음과 같았다. "선하신 하느님께서는 내가 지상이 아닌 다른 곳에서 쉬기를 바라셔."

8장

젤리의 수난

Louis and Zelie Martin

1865년, 34살의 젤리는 이지도르에게 가슴에 멍울이 생겨서 불편하다고 말했다. 가족들은 잠시 수술을 고려했지만 이 일은 곧 잊혀졌다. 11년이 지난 1876년 여름에 젤리는 다시 통증을 느꼈다. 이지도르가 몇 가지 약을 주었지만 효과는 없었다. 몇 달 후, 성탄절을 일주일 앞둔 무렵에 젤리는 의사를 보러 가기로 했다. 젤리는 이지도르 가족에게 이렇게 이야기했다.

의사를 보고 왔어. 의사는 충분히 검사를 하고 촉진을 하더니 한동안 침묵한 뒤에 말했어. "이게 대단히 심각한 것인데 알고 계시나요? 섬유성 종양입니다. 수술은 안 하실 건가요?" 나는 대답했어. "안 할 생각은 없어요. 그런데 수술을 해도 목숨을 구하기보다 앞으로 남은 기간만 더 단축시킬지도 모른다는 확신이 들어서요." 나는 왜 그렇게 생각하는지 근거를 댔어. 의사가 곧바로 말을 이었어. "저만큼이나 잘 알고 계시는군요. 다 맞는 말입니다. 수술을 받으시라고 권유할 수가 없네요. 정말로 장담할 수 없기 때문입니다." 의사에게 기회는 없는지 물었는데 얼버무렸어.

나는 솔직하게 말해 준 의사가 고마웠어. 우리 가족을 곤경 속에 내버려두지 않도록 서둘러 사업을 정리할 수 있게 되었으니까.

의사는 처방전을 써 주겠다고 했어. 내가 말했지. "그게 무슨 소용이 있을까요?" 그는 나를 바라보더니 대답했어. "전혀요. 환자들의 기분을 나아지게 하려는 거예요."

나는 식구들에게 전부 다 말할 수밖에 없었어. 지금도 그때를 다시 떠올려 봐. 침통했어……. 모두 눈물을 흘렸고 가엾은 레오니는 오열했어. 하지만 나는 식구들에게 이렇게 10년에서 15년을 살았던 사람들도 정말 많다고 말했어. 그렇게 걱정하지 않는 척했고 평소처럼 어쩌면 평소보다 더 즐겁게 일하면서 내 사람들을 조금은 안심시켰어.

그렇다고 내가 환상을 품은 것은 절대로 아니야. 앞날을 생각하면

밤잠을 이루기 힘들어. 가능한 잘 받아들이고 있지만 그래도 이런 시련이 닥칠 줄은 정말 생각하지 못했어. ……
남편은 마음을 잡지 못해. 그렇게 좋아하던 낚시도 내팽개치고 낚시 도구는 다락방에 올려다놨어. 모임에도 나가고 싶어 하지 않아. 루이는 완전히 절망한 것 같아. ……
통증은 심하지 않아. 그쪽으로는 팔 밑까지 전부 둔하게 느껴져. 멍울이 있는 부위에 둔하면서 무거운 통증이 있어. 그쪽으로 누워서는 잘 수 없어.
너희들도 너무 마음 아파하지 말고 하느님의 뜻을 받아들였으면 좋겠어. 하느님이 내가 이 땅에 있는 것이 훨씬 이롭다고 생각하셨다면 아마 병을 앓게 하지 않으셨을 거야. 우리 아이들에게 내가 필요한 이상 나를 이 세상에서 데려가지 말라고 정말 많이 기도했거든. ……
불행이 닥치더라도 우리를 대신해 줄 너희라는 좋은 부모가 있다고 생각하면 많은 위로가 돼. 나보다 더 불쌍한 엄마들도 있어. 아이들이 앞으로 어떻게 될지도 모르고 어떤 도움도 받지 못해서 아이들을 가난 속에 두어야 하는 엄마들이지. 나는 그런 면에서는 전혀 걱정하지 않아. 나는 뭐든지 나쁘게 생각하지 않아. 이것도 선하신 하느님이 내게 베푸신 은총이야. ……

무슨 일이 생기든 우리에게 남은 좋은 시간을 누리고 괴로워하지 말자. 이것이야말로 선하신 하느님이 언제나 바라시는 거야.

젤리는 죽음을 피할 수 없음을 알고, 위로받거나 위로하려고 애쓰지 않았다. 하지만 소식을 듣고 망연자실한 이지도르의 가족들을 안심시키려고 리지외로 가는 희생을 감수하기도 했다. 그리고 그곳에서 가족들과 마지막 성탄절을 보냈다. 젤리는 루이에게 이렇게 썼다. "저녁 식사를 한 다음에는 동생에게 근심을 덜어 주고 조금이라도 용기를 주려고 최선을 다했어요." 그리고 루이를 안심시키려고 이렇게 덧붙였다.

노타 의사 말은 내가 이런 상태로 아주 오래 살 수도 있다는 것 같아요. 그러니 선하신 하느님의 손에 우리를 맡겨요. 하느님께서는 우리에게 필요한 것이 무엇인지 우리보다 더 잘 아세요. "그분께서는 아프게 하시지만 상처를 싸매 주시고"(욥 5,18)라고 하셨잖아요. 루르드로 첫 순례를 가 보려고요. 내가 나아야 한다면 성모님이 나를 치유해 주실 거라고 기대해요. 그때까지 우리 안심해요. 우리 가족 모두를 다시 볼 생각을 하니 정말 즐거워요. 시간이 너무 안 가는 것 같아요! 오늘 돌아갈 수 있다면 정말 좋을 텐데! 사랑하는 루이, 내가 기쁠 때는 당신과 함께 있을 때뿐이에요.

어머니이자 섬세한 성격의 소유자였던 젤리는 투병 생활 중에도 모든 애덕을 발휘하였다. 젤리는 다른 사람에게 자신의 고통과 근심에 대한 말을 아꼈다. 역시 투병 생활을 하던 마리 도지테 수녀와 성모 마리아 방문 수녀회에서 공부하던 폴린에게는 자신의 상태를 숨기기까지 했다. 폴린이 학업을 중단하려는 것을 막고 싶었던 것이다. 젤리가 말을 하거나 글을 쓸 때는 자신의 사랑을 보여 주고 주변 사람들을 위로하며 격려하기 위해서였다. 루이가 젤리의 버팀목이 되어 주었으나, 마지막 몇 달 동안 젤리는 다른 사람보다도 주님께 더 의지했다.

병에 걸린 사실을 알기 몇 주 전에 젤리는 이렇게 썼다. "(언니는) 내가 큰 고통을 받고 싶어 한다고 생각해. 만일 나에게 선택권이 있다면 천천히 진행되는 병으로 죽고 싶다고 예전에 언니에게 말한 적이 있거든 (사실 젤리가 두려워한 것은 준비 없이 죽는 것이었다). 하지만 나는 큰 고통을 바라지 않아. 그런 고통을 바랄 수 있을 정도의 미덕은 내게 없어, 아니, 두려워!"

젤리는 또 이렇게 썼다. "내게 살고자 하는 욕구가 부족한 것은 아니야." 하지만 하느님께 고통을 봉헌하며 평생을 그분 뜻에 내어 맡겼고 이 재능을 온전히 발휘했다. 가족과 주변 사람들은 치유의 기적을 바라며 기도했다. 젤리는 농담을 했다. "내가 만약 성모님이었다면 이렇게 많은 기도는 순식간에 들어주었을 거야. 그래야 내가 사람들한테 벗어날 수 있을 테니까."

젤리는 엄마 없이 자라야 할 딸들의 미래를 생각하며, 이를 위한 준비를 조금씩 했다. "선하신 성모님이 나를 낫게 해 주리라고는 기대하지 않아! 물론 원하신다면 나를 낫게 하실 수 있을 거야. 성모님은 정말 많은 환자들을 치유해 주셨거든. 하지만 성모님이 그렇게 해 주리라 확신하진 않아. 하느님의 뜻은 그게 아닐 수도 있거든."

르망에서 공부하던 폴린은 학업을 거의 다 마쳐서 드디어 온 식구가 모일 수 있었다. 젤리는 죽음이 다가왔음을 예감했다. 자신을 하느님께 완전히 내어 맡기고 깊은 평화를 맛보았다.

선하신 하느님께서는 마침내 나에게 아무것도 두려워하지 않는 은총을 내리셨어. 마음이 정말 편안해서 행복할 정도야. 내 운명을 그 무엇과도 바꾸지 않을 거야. 선하신 하느님이 나의 치유를 바라신다면 정말 만족스럽겠지. 마음속 한편으로는 살고 싶거든. 남편과 아이들을 떠나는 것은 고통스러워. 그래도 한편으로는 스스로에게 이렇게 말해. "내가 낫지 않는 것은 어쩌면 내가 떠나는 것이 우리 가족에게 더 이롭기 때문일 거야……." 그때까지 나는 기적을 구하기 위해 가능한 한 모든 것을 다할 거야. 루르드 순례에 기대를 걸고 있어. 만약 낫지 않더라도 콧노래를 부르면서 돌아오도록 노력할 거야.

신심이 깊었던 젤리는 그리스도의 말씀을 자신의 것으로 삼았다. 그리스도는 사도들에게 성령이 내리게 하기 위해 그들을 떠나면서 이렇게 말했다. "내가 떠나는 것이 너희에게 이롭다."(요한 16,7) 젤리는 하느님께서 자신보다 가족을 잘 보살피실 것이라고 마음속 깊이 믿었다.

젤리는 딸들을 믿었다. 첫째와 둘째는 동생들을 맡아 키울 수 있을 정도로 어른이 되었고, 나머지 딸들도 잘 크고 있었다. 젤리는 데레사에 대해 이렇게 썼다. "이 아이는 역경을 이겨 낼 거라고 내가 장담할게." 반면 레오니는 데레사와 달랐던 만큼 역경을 이롭게 받아들일 것이라고는 믿지 않았다. 그래도 젤리는 루이가 이 모든 작은 세상을 잘 보살펴 줄 거라고 기대를 걸었다.

젤리는 가족을 걱정시키지 않으려고 아무 일도 없다는 듯 행동했다. 그래서 거의 마지막 순간까지 그 전과 다름없는 평범한 삶을 유지할 수 있었다. 아이들은 잔병치레를 했고, 알랑송 손뜨개 작업장에 들어온 주문은 납기를 맞춰야 했으며, 교구에서 하는 피정도 있었다. 한편 이지도르는 젤리가 수술을 받았으면 했고, 파리로 진찰을 받으러 가길 원했다. 젤리는 이런 이지도르에게 지치고 말았다. 그래서 편지에 이렇게 썼다. "들어 봐. 괜찮다면 앞으로는 병에 대한 이야기는 하지 말자. 벌써 지겨워졌어. 그러니까 내 병은 잊어버리고 우리 더 즐거운 이야기를 하자."

1877년 초반의 편지들은 그전의 편지들보다 더 활기차다. 레오니가 온 가족을 위해 수프를 준비하다 방심해서 행주를 넣게 되었다는 이야기와, '착한 일 묵주'*를 정말 좋아하던 데레사가 셀린에게 나쁜 말을 했으면서도 착한 일 묵주에 한 알을 추가했다는 이야기도 전했다. 젤리는 데레사에게 이 경우에는 한 알을 **빼야** 한다고 알려 주었지만 데레사는 때마침 묵주를 잃어버렸다는 듯 이렇게 대답했다. "아! 그런데 묵주가 어디 있는지 못 찾겠어요."

---

*마르탱 집안 딸들은 착한 일을 할 때마다 묵주 알을 한 알씩 넘기고 밤에 자기 전에 몇 알이 옮겨졌는지를 세어 보았다. 그리고 착한 일을 완수하게 해 주신 하느님께 감사드리며 하루를 마무리했다. ― 역주

그 무렵 젤리가 편지에 자주 썼던 이야기는 언니인 마리 도지테 수녀에 관한 것이었다. 마리 도지테 수녀는 수년간의 투병 끝에 생의 불빛이 점차 꺼져 가고 있었다. 마리 도지테 수녀는 젤리 인생의 버팀목이었기에 몹시도 큰 시련이었다. 성모 마리아 방문 수녀회 수녀답게 마리 도지테 수녀는 죽음이 가까워 오자 고통 속에서도 기쁨으로 충만했다. 그리고 가장 아름다운 축제를 준비하듯 죽음을 준비했다. 젤리는 기쁨과 평화를 음미하고 있던 언니를 마지막으로 만난 후 "이렇게 의연한 모습은 본 적이 없어."라고 썼다. 마리 도지테 수녀는 2월 24일 천천히 숨을 거두었다. 수도원 수녀들에게 편지가 왔지만 젤리는 차마 열어 볼 수 없었다. 루이가 조심스럽게 편지를 뜯어 젤리에게 읽어 주었다.

오늘 아침 7시에 저희가 정말 사랑하는 마리 도지테 수녀님이 그토록 귀감이 되는 삶을 마감하셨습니다. 고인의 임종은 모두가 부러워할 만했습니다. 수녀님은 이틀 전부터 눈에 띄게 쇠약해지셨고 저희는 수녀님의 마지막이 다가왔음을 알았습니다. 사랑하는 마리 도지테 수녀님은 호흡 곤란과 지속적인 불안증으로 전보다 더 많이 고통스러워 하셨습니다. 하지만 끝까지 평화를 잃지 않으셨고 스스로를 온전히 내어 맡기셨으며 우리 주님을 보러 가고 싶다는 갈망을 점점 더 느끼셨습니다. …… 친애하는 젤리 마르탱 선생님, 선생님과 저희는 천상에 수호성인을 한 분 더 모시게 되었습니다. …… 고결한 삶을 이보다 더 성스럽게 마감하기란 어려울 것입니다. …… 오! 수녀님은 두 가족분들을 참으로 깊이 사랑하셨습니다. 수녀님께서 가족분들을 위해 얼마나 많은 기도를 해 주실지 헤아릴 수조차 없을 것입니다.

마리 도지테 수녀는 성덕의 향기를 풍기며 세상을 떠났다. 수도원과 도시의 모든 사람들이 성인이 죽었다고 말했다. 장례식을 치르기 전 성당에 안치된 유해 곁으로 많은 사람이 찾아와 고인을 추모했다. "언니의 유해를 묘지로 옮기는 순간은 슬픈 느낌은 전혀 없어서 오히려 개선식 같았지. 수녀님들도 이런 분위기는 한 번도 경험해 보지 못했다고 말했어." 젤리는 수년 전에 "언니를 잃는다면 모든 것을 잃게 될 거야."라고 썼다. 헤어짐은 대단히 고통스러웠지만 젤리는 언니가 이제 아프지 않으며 특히 행복한 목표를 이루었다는 것을 깨달으며 위안을 받았다. "모든 것이 너무 슬퍼. 하지만 언니가 하늘나라에 있다는 것만으로 우리는 항상 위안을 받을 거야. 나에게 중요한 것은 그거야."

젤리는 마리 도지테가 세상을 떠나기 전에 "하늘나라에 가면 이 말은 꼭 전해 줘."라고 부탁했던 적이 있었다. 젤리는 가족에게나 이웃에게나 재미있는 말을 많이 하는 친근한 사람이었다.

천국에 가면 곧바로 성모님을 찾아가서 이렇게 말씀드려 줘. "자애로우신 저의 어머니, 당신은 가엾은 레오니를 보내시며 제 동생을 정말 힘들게 하셨지요. 제가 어머니께 간청했던 아이는 레오니 같은 아이가 아닙니다. 어머니께서 이 일을 해결해 주셔야 합니다." 그다음에는 마르가리타 마리아 알라코크 복자*를 찾아가서 이렇게 말해 줘. "왜 레오니를 기적적으로 치유해 주셨나요? 레오니를 죽게 내버려 두셨다면 더 좋았을지 모릅니다. 불행을 고쳐 주신 거라고 생각하셔야 합니다." 언니는 그렇게 말한다고 나를 혼냈지만 나는 나쁜 의도는 없었어. 선하신 하느님께서는 내가 하려는 말을 이미 잘 아실 거야.

---

*마르가리타 마리아 알라코크는 1864년 9월 18일에 시복되었으며, 1920년 5월 13일에 베네딕토 15세 교황에 의해 시성되었다. ― 역주

당시 13살이던 레오니는 힘겨운 사춘기를 시작하고 있었다. 젤리는 이런 레오니를 가장 많이 걱정했다. "레오니의 미래가 가장 걱정스러워.", "이 가엾은 아이는 결점투성이야. 어디서부터 가르쳐야 할지 모르겠어. 그래도 선하신 하느님께서는 정말 자비로우시니까 항상 희망을 잃지 않고 있어. 지금도 여전히 희망해."

이 희망을 되살아나게 한 것은 작은 사건이었다. 마리 도지테 수녀가 죽기 전 레오니는 이모에게 편지를 쓰고 싶어 했다. 그 편지를 본 젤리는 감탄했다.

"사랑하는 이모, 이모가 주셨던 그림은 성유물처럼 항상 간직하고 있어요. 이모가 말씀하신 것처럼 그 그림을 매일 봐요. 저는 말을 잘 듣는 사람이 되고 싶거든요. 마리 언니가 그림을 액자에 넣어 줬어요. 사랑하는 이모, 부탁이 있는데요. 하늘나라에 가게 되면 제게 회심의 은총을 베풀어 달라고 선하신 하느님께 간청해 주세요. 또 제가 제대로 된 수녀님이 될 성소를 내려 달라고 간청해 주세요. 저는 매일 그렇게 되었으면 좋겠다고 생각해요."

젤리가 설명했다. "너희들은 이것을 보고 무슨 생각이 드니? 나는 진짜 놀랐어. 레오니는 어떻게 이런 생각을 하게 된 걸까? 레오니가 이런 생각을 하게 만든 건 분명 나는 아니야. 기적이 일어나지 않는 한 레오니가 어떤 단체 같은 곳에 들어갈 일은 절대 없다고 믿었거든." 놀란 가족들이 왜 '제대로 된 수녀'라고 썼는지 묻자 레오니가 대답했다. "그건 제가 정말로 착한 수녀가 되고 싶고 결국에는 성녀가 되고 싶다는 뜻이에요." 마리 도지테 수녀에게 전해 달라고 부탁했던 모든 말은 곧바로 이루어졌다.

  1877년 3월 초, 마리는 주방 앞을 지나가다 11년간 일한 가사 도우미 루이즈 마레가 레오니를 심하게 위협하는 것을 보고 경악했다. 가족들은 레오니가 오래전부터 학대를 받았음을 알게 되었다. 가엾은 어린 레오니는 루이즈의 일을 대신 해야 했으며 뭐든지 복종해야 했다. 그리고 오직 루이즈의 말만 들어야 했다. 그렇게 하지 않으면 매를 맞았다. 혹시라도 레오니가 용기를 내어 이런 부당함을 따지면, 루이즈는 잊어버리지 못할 정도로 매질을 하겠다고 위협했다. 루이즈는 자신의 행동을 감추려고 가능한 한 모든 술책을 동원했다.

  젤리는 그런 일이 벌어질 것이라고는 짐작조차 못했다고 고백했다. "사람이 어떻게 이렇게까지 할 수 있을까? 루이즈가 그러리라고는 생각도 못했어." 루이와 젤리는 루이즈에게 크게 분노했다. 레오니는 자신을 구하려고 하는 엄마 아빠를 보고, 부모님에 대한 태도를 바꾸었다. 특히 젤리를 대하는 태도를 완전히 바꾸었다. 모녀 간에는 신뢰가 회복되어 레오니는 젤리를 기쁘게 할 수 있는 거라면 뭐든지 다했다. 명랑해졌고 말도 잘 들었다. 한마디로 철이 든 것이다. 젤리는 감격했다. 그녀는 오래전부터 바라던 희망을 이루기 위해 최선을 다했다. 젤리의 희망은 레오니를 하늘나라를 향하는 사람으로 키우는 것이었다. 젤리는 감격하여 이렇게 말했다. "레오니는 온힘을 다해 나를 사랑해. 이런 사랑과 함께라면 레오니의 마음속에 하느님의 사랑이 조금씩 스며들 거야."

젤리는 이 모든 것이 하늘나라에 있는 언니의 기도가 맺은 결실이라고 생각했다. 젤리는 병 때문에 레오니와 일찍 헤어지게 될까 달라지기로 마음먹었다. 죽음을 평온하게 받아들이고, 자신이 없어도 딸들이 잘 해낼 수 있을 거라고 믿기로 한 것이다. 그러자 오히려 살고 싶다는 강한 욕구를 느꼈다. 스스로를 위해서가 아니라 레오니를 돕기 위해서였다. 젤리는 레오니가 되찾은 안정이 자신의 죽음으로 무너질까 봐 걱정했다. 또 레오니가 비로소 깨달은 엄마의 사랑에 대한 갈증을 채워 주고 싶었다. 젤리는 자신의 치유를 바라며 진심으로 기도하기 시작했다. 자신의 상태를 알았기에 의학적으로는 전혀 기대하지 않았으나 기적이 일어나길 진심으로 바랐다. 젤리의 희망은 미약하지 않았다. "내가 더 아플수록 나의 희망은 커져 갈 거야." 젤리는 이지도르의 부인에게 이렇게 썼으며 믿음을 가지고 덧붙였다. "나는 그렇게 빨리 죽지는 않을 거야."

충격을 받은 루이와 젤리는 루이즈를 당장 내쫓았다. 젤리는 눈앞에 루이즈가 있다는 것을 못 견뎌 했다. 하지만 얼마 가지 않아 자신들의 행동이 옳았는지 깊이 생각해 보았다. 수년 전부터 마르탱 가족에게 전적으로 헌신해 온 루이즈는 젤리를 진심으로 존중했다. 놀랍게도 루이즈는 레오니의 까다로운 성격을 엄하게 다스리면서 젤리를 돕고 있다고 생각한 것이다.

루이와 젤리는 화가 풀리지 않았지만 루이즈를 다시 집에 들이기로 했다. 그리고 루이즈를 어떻게 대하는 것이 좋을지 사람들에게 조언을 구하기로 결심했다. 젤리는 존경하는 클라라회 수녀들을 찾아갔다. 성인으로 추앙받는 노년의 수녀에게 조언을 구했는데, 그 수녀는 서두르지 말라고 충고했다. 마침내 타협점을 찾았다. 루이즈는 젤리가 세상을 떠날 때까지 가족을 위해 일하게 되었지만 레오니에게 말을 거는 것은 금지되었다. 젤리는 루이즈가 한 일을 잊을 수 없었기에 눈앞에 두는 것이 괴로웠다. 그러나 그럴수록 신중한 젤리는 레오니를 신경 써서 보살폈다.

루이즈는 젤리가 마지막 투병 생활을 할 때까지 전적으로 헌신했다. 그리고 그 이후에는 아무 문제없이 다른 일자리를 찾았으며, 삶을 마감할 때까지 마르탱 가족의 자애로움에 대해 이야기했다.

  1877년 2월이 되자 멍울은 목까지 침범했다. 젤리는 알랑송 손뜨개 작업장을 폐업하기로 루이와 결정을 내렸다. 이제 가족을 위해서만 살 수 있으며, 특히 필요한 시간을 모두 레오니에게 쏟을 수 있다고 생각했다. 마르탱 부부의 정직함은 사업 자산을 매각하는 와중에 또 한 번 드러났다. "알랑송 손뜨개 작업장은 거래가 성사되지 않았어. …… 나는 가게를 매입하고 싶어 하는 사람들이 손해 보는 거래를 하는 거라면 이루어지지 않게 해 달라고 기도드렸어. 그럼에도 그 사람들은 가게를 매입하겠다고 했어. 하지만 나는 그들에게 어려운 실상을 제대로 보도록 해 주어야 한다고 믿었어. 그 사람들은 모든 것을 좋게만 보고 있었고 그 점이 마음에 들지 않았거든." 신의 섭리는 부부의 이러한 공정함에 보상을 해 주셨다. 알고 보니 그 사람들은 사기꾼들이었다. 연초에는 주문이 크게 줄기 때문에 젤리는 결국 가게가 없어지게 될 거라고 생각했다. 그래서 부부는 가게를 곧바로 매각하겠다는 생각을 버렸다. 예전보다 업무 강도는 훨씬 낮았지만 젤리는 세상을 떠날 때까지 일을 해야 했다.

  몇 주 후, 젤리는 루르드 순례가 있다는 말을 들었다. 젤리는 마리, 폴린, 레오니와 함께 6월 18일부터 22일까지 앙제 교구에서 떠나는 루르드 순례에 가기로 결심했다. 정해진 목표는 성모님께 자신을 위한 기적을 구하는 것이었다. 그러나 젤리는 자연의 법칙을 위반하게 해 달라고 하느님께 간청해야 하는 것이 한편으로는 조금 불편했다. 하지만 젤리는 "순수한 자애로움과 자비로 그런 일을 자주 일으키신다는 건 확실해."라고 썼다. 이지도르가 하느님께서는 오로지 당신의 영광을 위해서만 기적을 행하신다고 말하자 이렇게 답했다. 이 대답은 젤리가 얼마나 높은 경지에 이르렀는지를 보여 준다. "모든 것이 하느님의 영광을 위한 거야. 하지만 하느님께서는 오로지 당신만 생각하시는 분은 아니야. 하느님이 나에게 정말로 기적을 행하실 수도 있지만 세상 사람들은 아무도 그게 무슨 뜻인지 모를 거야." 자녀를 향한 하느님 아버지의 한없는 사랑을 알아본 젤리는 성덕의 경지에 올라 있었다. 딸 데레사가 보여 준 길도 이러한 경지를 향한 길이었다.

  기적을 간청하기 위해 모든 이들이 하나 되어 기도드렸다. 9일 기도, 미사, 가족 기도, 특히 아이들의 기도, 친구 수도자들의 기도……. 젤리는 크게 감동하여 천상의 교회에 기도했다. "아니, 하늘나라에서도 이보다 더 열정적인 기도와 생생한 신앙은 본 적도 없을 거고 앞으로도 못 볼 거야. 하늘나라에 있는 언니가 나에게 관심을 기울이고 우리 작은 천사 네 명도 나를 위해 기도하고 있어. 모두가 우리와 함께 루르드에 있을 거야."

늘 그렇듯 이번에도 하느님의 뜻이 가장 중요했다. 젤리는 무엇이 더 좋은지 하느님보다 잘 안다고 내세우지 않았다. 그러기에 루르드로 출발하기 전에도 딸들에게 주의를 주었다. "무엇이든 선하신 하느님의 뜻을 관대하게 받아들이겠다는 마음을 가져야 해. 하느님의 뜻은 언제나 우리가 더 좋은 것을 가질 수 있게 해 주시거든."

젤리는 루르드에서 자신의 치유 외에도 편두통으로 고생하는 폴린의 치유를 간청했다. 그리고 무엇보다 레오니의 마음이 치유되길 간청했다. "(성모님께) 우리 아이를 치유해 주시고 총명함을 발휘하게 해 주시고 성인이 되게 해 달라고 애원할 거야." 젤리는 처음부터 이 순례는 자신만을 위한 순례가 아님을 알았다. 이 확신은 순례 중에 더 커졌다.

젤리, 레오니, 마리, 폴린은 신앙을 가득 품고 루르드로 향하는 여정에 나섰다. 여행을 여전히 좋아하지 않았지만, 젤리의 표현에 따르면 이 여행은 '삶의 뒤를 쫓아가는 것'이었다. 이 삶은 주님의 뜻대로 사는 것이라는 의미였다. 순교자들이 겪었던 죽음과, 죽음에 이르기까지의 순간은 마치 십자가의 길과 같았다. 그들은 그리스도 안에서 일치했으며, 영웅적 믿음 앞에 인간의 한계를 벗어났다. 그리고 그에 걸맞은 참행복을 얻었다. 훗날 데레사도 그러하였고, 루이와 젤리 역시 마찬가지였다.

루르드 순례는 쉽지 않았다. 아이들은 아팠고("딸들은 나를 아끼는 마음에 자신들은 괜찮으니 내 몸을 먼저 챙기라고 했지만 그래도 나는 딸들을 간호했어."), 기차에서는 한 여행객이 실수로 쏟은 커피 때문에 딸들의 짐이 전부 젖어 버리는 소동도 일어났다. 젤리는 잠을 제대로 자지 못했다. 호텔에 투숙했지만 녹초가 된 채로 다른 곳으로 옮겨야 했다. 젤리는 묵주를, 폴린은 르망에 있는 이모에게 줄 기념품을 잃어 버렸다. 침수장 체험도 그다지 즐겁지 않았다. "얼음장 같은 물과 죽음과도 같은 차가운 대리석을 바라보니 두려움이 생겼어. 그래도 잘 해내야 했기에 용기를 내서 침수장 안으로 몸을 던졌지. 그렇게 했어. 그런데 숨이 막혀서 곧바로 나와야 했어." 루르드 물을 담은 통들은 하나씩 물이 새기 시작했고, 물통을 옮기던 젤리가 넘어지기도 했다. 만나고 싶었던 신부를 볼 수 없었고, 돌아오는 기차도 놓쳤다. 무엇보다 젤리는 치유되지 않았다.

오히려 여행에서 겪은 예기치 못한 일들과 여독으로 병은 악화되었다. 딸들은 절망했고 루이는 끔찍한 한 주를 보냈다. "(루이는 기적을 알리는) 전보가 오기를 매 순간 바랐어. 초인종이 울릴 때마다 루이의 마음은 내려앉았어."

젤리와 딸들은 하느님을 믿지 않는 이웃들이 빈정거리며 비웃는 것을 보았다. 온 가족이 용기를 잃어버릴 이유는 충분했다. 진심으로 기적을 바랐으나 일어나지 않았다. 젤리의 반응은 어땠을까? "이보다 더 불행한 여행이 또 있을까? 하지만 이 모든 것 안에는 당연히 큰 은총이 감춰져 있어. 그러니 내 불행을 보상받을 거야. 나는 그렇게 믿으면서 레오니의 이마에 기적의 물을 묻혀 주었어." 이 여행이 모두가 바랐던 대로 돌아가지 않는다는 것을 잘 알았던 젤리는 레오니를 위해 모든 것을 봉헌했다. 그리고 분명한 실패 앞에서도 믿음을 보였다. 또한 지친 상태에서도 온 식구에게 버팀목이 되어 주었고, 영웅적 애덕까지 보여 주었다. "(루이는) 바랐던 은총을 구한 것 마냥 즐겁게 돌아오는 나를 보고 정말 놀라워했어. 이런 내 모습은 루이에게 용기를 주었고 집안 분위기를 좋게 만들었어." 젤리는 모든 방법을 동원해 자신의 세상을 안심시켰다. 모든 식구에게 용기와 신뢰를 주었고 그들의 걱정과는 반대로 평화로 빛나는 모습을 보였다.

루르드 순례의 첫 번째 결실은 아마도 이러한 평화일 것이다. 모든 사람이 드렸던 열성적인 기도는 분명 허사가 아니었다. 루르드의 또 다른 결실은 젤리가 딸들을 위한 자신의 자리를 성모님이 대신하실 수 있으며, 이것이 딸들에게도 이롭다고 이해한 것이다. 젤리는 돌아오자마자 폴린을 위로하는 편지를 썼다. "믿음을 가지고 자비의 어머니께 기도드리렴. 성모님은 가장 다정한 어머니의 자애로움과 온화함으로 우리를 도와주러 오실 거야."

훗날 마르탱 집안 딸들은 성모님의 모성을 깊이 경험하였다. 가장 분명한 예시는 성모님이 데레사에게 미소 지었던 날이다. 성모님은 중병을 앓던 데레사를 치유해 주셨고, 어머니를 잃은 고통에서 벗어나게 해 주셨다. 성모님은 특히 젤리의 마지막 몇 주 동안에도 젤리와 함께하셨다. 젤리는 이렇게 말했다. "다행히도 성모님이 나를 도와주셨어. 그렇지 않았다면 내가 어떻게 되었을지 모르겠어."

루르드 순례의 결실 중 마지막 결실은 레오니였다. 이 결실은 젤리의 노력과 기도, 봉헌의 결과였다. 훗날 레오니는 수녀가 되었으며 마르탱 집안 딸들 중 데레사 다음으로 가장 많은 사랑과 기도를 받게 되었다. 어려움을 딛고 일어난 레오니의 모습은 사람들의 마음에 감동을 주었다. 젤리의 죽음에도 레오니는 자신의 암흑 속으로 되돌아가지 않았다. 레오니가 받은 은총은 젤리의 신뢰 덕분임을 누구도 의심하지 않았다. 인간의 지혜를 넘어선 젤리는 레오니를 하느님께 의탁했으며, 그분께서 레오니에게 좋은 영향을 주시리라고 믿었다. 젤리는 자신이 더 살면서 엄마로서의 역할을 한다 해도 하느님만큼 더 좋은 영향을 줄 수 없다고 생각했다.

루르드 순례에서 돌아온 후 며칠이 지났지만 젤리는 아직 기적을 희망했다. 하지만 병세는 점점 더 깊어져 갔고, 현실을 직시하게 되었다. 평생을 바랐던 위대한 만남을 준비해야 할 시간이 다가온 것이다.

1877년 7월 초, 첫 번째 고비가 왔다. 젤리의 마지막 편지들은 생생한 고통의 경험담을 보여 준다. 7월 7일 밤, 루이는 심야 성체조배를 하러 갔고 젤리는 혼자 있었다. 끔찍한 통증이 젤리의 목을 덮쳤다. 머리가 떨어져 나가는 느낌이었다. 하지만 이러한 통증에도 젤리는 아침에 일어나 미사를 드리러 갔다. 미사 중에는 통증 때문에 비명이 새어 나오지 않도록 참아야 했다. 죽음을 앞에 두고 젤리는 선택을 내려야 했다. 통증을 일시적으로 진정시키는 것과 성체를 모시는 것 중 무엇을 택할지 망설이지 않았다. 상상을 초월하는 고통이 따랐으나 간신히라도 몸을 움직일 수 있는 한 젤리는 루이나 마리의 도움을 받아 8월 초까지 계속 미사에 갔다. 마리는 이렇게 이야기했다. "어머니는 금요일 7시 미사에 갔어요. 첫째 주 금요일이었거든요. 어머니는 아버지 없이는 미사에

갈 수 없어서 아버지가 어머니를 부축했어요. 미사에 도착하면서 어머니는 성당 문을 밀어 주는 사람이 없었다면 절대로 안으로 들어올 수 없었을 거라고 이야기하셨어요."

고통에도 젤리는 위축되지 않았다. 7월에 젤리는 아픈 작업자들을 위해 9일 기도를 바쳤으며, 식구들을 안심시키려고 재미있는 편지들을 계속 보냈다. 밤에는 식구들이 깨지 않도록 고통이 밀려 와도 비명을 참았다. 그리고 집안 분위기를 좋게 유지했다. 하지만 병은 빠르게 진행되었다. 다음은 젤리가 15일에 쓴 편지이다. "혼자 옷을 입을 수도, 벗을 수도 없어. 아픈 쪽 팔은 움직이기 힘들지만 아직 바늘은 쥘 수 있어! 전체적으로 몸이 불편해. 장에도 통증이 느껴지고 2주 전부터 계속 열이 나. 서 있을 수가 없어서 앉아 있어야 해. …… 낮에는 극심한 통증은 거의 없는데 문제는 밤이야. 온 신경이 뻣뻣해져서 자세를 바꾸려면 상상할 수 없을 정도로 무척 조심해야 해. 그래도 여기에 익숙해졌어. 이제 일어나려면 어떻게 해야 하는지 터득해서 극심한 통증은 피하게 되었어." 젤리는 모든 고통을 가족을 위해 봉헌했다. 그리고 폴린에게 보내는 편지에 쓴 것처럼 하늘나라에 갈 준비를 하였다. "엄마 대신 아팠으면 좋겠다고 했지. 그 말을 듣고 정말 화날 뻔했어. 엄마가 하늘나라에 가는 게 싫은 거구나. 다 네가 갖고 싶은 거지?

우리 폴린, 너무 마음 아파하지 마! 네가 그러면 엄마는 연옥에 백 년이나 있어야 할지 몰라! 설마 거기도 네가 대신 가고 싶은 거니? 일단 시작했으면 전부 하는 게 나아!"

이제 젤리가 주변 사람에게 부탁하는 것은 자신을 하느님의 뜻에 완전히 내어 맡기고 평화와 인내 속에서 고통을 받아들이도록 기도해 달라는 것 하나뿐이었다. 젤리의 상태가 악화되었음을 알게 된 이지도르는 8월 초에 젤리를 보러 왔다. 예전에 젤리는 이지도르에게 약사로서 자신의 죽음이 임박했다고 생각하면 미리 알려 달라는 부탁을 했다. 이지도르는 충격을 받은 루이에게 남아 있는 시간은 한 달도 채 되지 않을 거라고 솔직하게 말했다. 젤리는 죽음이 두렵지 않다고 대답했다. 이지도르와 단둘이 남게 된 젤리는 이렇게 덧붙였다. "다섯 딸과 남겨진 우리 불쌍한 루이는 어떻게 될까? 루이와 우리 딸들을 선하신 하느님께 의탁할 거야." 이지도르는 루이와 아이들에게 젤리가 세상을 떠난 후 리지외에 정착하라고 말해 보면 어떻겠냐고 제안했다. 그러면 이지도르의 가족들이 루이를 도울 수 있을 것이라고 말했다. 동생의 제안에 크게 감동한 젤리는 그것이 최선의 해결책이라고 느꼈다. 젤리는 루이에게 이를 제안해 보았지만, 남편을 너무나 존중했기 때문에 강요할 수는 없었다.

8월이 되자 통증은 견딜 수 없을 정도로 심해졌다. 8월 9일은 기승을 부리던 통증이 마지막으로 잠잠해진 날이었다. 젤리는 딸들이 준비한 작은 파티와 시상식을 함께하며 이 순간을 누렸다. '알랑송의 성모 마리아 방문 수녀회'라는 이름의 시상식이었다. 이 그럴싸한 이름은 셀린과 데레사에게 간단한 수업을 해 주던 마리가 지은 이름이었다. 행사를 위해 새로 꾸며진 마리의 방에서 루이와 젤리는 진지하게 행사를 주재했다. 그러고는 자랑스러워하는 어린 딸들에게 상과 화관을 수여했다. 마리는 인사말까지 했다. 뒤이은 몇 주 동안 젤리는 더는 딸들을 즐겁게 해 줄 수 없다는 생각에 눈물을 흘렸다. 그리고 아이들과 뱃놀이를 다녀오라고 루이를 재촉했다. 고통은 젤리를 엄습했다.

사랑하는 동생에게. 어제는 너만이 나를 위로할 수 있다고 믿으면서 울부짖으며 너를 불렀어. 평생 겪은 고통보다 지난 24시간 동안 겪은 고통이 더 힘들었어. 신음하고 비명을 지르면서 그 시간을 보냈어. …… 머리를 그 어디에도 둘 수 없는 끔찍한 상태였어. 모든 시도를 다 했지만 불쌍한 내 머리는 어디에도 닿으면 안 되어서 뭔가를 마시려고 할 때도 조금도 몸을 움직일 수 없었어. 목도 사방

이 다 아파서 조금이라도 목을 움직이면 끔찍한 고통이 밀려왔어. 결국 앉는 것 같은 자세를 취해야지만 침대에 머물 수 있었어. 잠이 밀려올 때는 나도 의식하지 못한 미세한 움직임만으로 모든 통증이 깨어나는 것 같았어. 밤새 신음해야 했어. 루이와 마리, 그리고 가사 도우미가 내 곁을 지켰어. 불쌍한 루이는 가끔씩 나를 아기처럼 안아 주었어.

고통의 한복판에서 젤리는 하늘나라를 향했다. 마리는 잠을 자지 못하는 젤리가 신음하는 소리를 들었다. "오, 저의 창조주시여, 저를 불쌍히 여기소서!" 또 한번은 젤리가 창백한 얼굴로 성모상 앞에 무릎을 꿇고 묵주 기도를 바치는 모습을 보았다. 그리스도와 많은 성인들이 그랬던 것처럼 젤리도 때로는 하느님께서 자신을 버렸다고 느꼈다. "천상의 모든 성인 한 분 한 분에게 간청했지만 누구도 응답하지 않았어." 그럼에도 젤리는 차분함을 유지했다. 젤리의 고해 신부는 이런 젤리에게 감탄했다. 가사 도우미 루이즈는 "부인이 고해 신부님보다 더 침착하세요."라고 표현하기도 했다. 젤리는 "휴식하며 즐거워하는 시간에 행한 천 개의 미덕보다 고뇌 속에서 행한 1온스의 미덕이 더 가치 있다."라는 프란치스코 살레시오 성인의 말을 자주 되뇌고 실천했다. 극심한 고통을 느꼈던 두 차례의 고비가 있었다. 그 사이에 젤리는 마지막 조언을 해 주려고 딸들을 자신의 곁으로 오게 했다. 젤리는 딸들에게 성덕을 추구하라고 했으며 언니들에게 동생들을 맡겼다. 무엇보다도 얼마나 딸들을 사랑하는지 말하고 또 말했다. 루이는 젤리의 머리맡을 떠나지 않았다. 아내를 바라보는 루이의 가슴은 찢어졌다.

8월 25일, 젤리는 피를 흘렸다. 출혈은 젤리의 마지막 기력마저 앗아 갔다. 8월 26일, 루이는 젤리가 마지막 성사를 받게 해 주려고 신부를 찾아갔다. 온 가족이 젤리를 둘러싸고 기도하는 가운데 젤리는 마지막 성사를 받았다. 루이는 눈물을 주체하지 못하고 오열했다. 이때부터 젤리의 고통은 조금 가라앉았으나 젤리는 움직이지도 말하지도 못했다. 다만 눈으로는 많은 이야기를 하고 있었다. 8월 27일, 이지도르가 아내 셀린과 함께 찾아왔다. 젤리는 미소를 지으며 셀린 게랭을 오랫동안 바라보았다. 훗날 셀린은 편지에 이런 이야기를 남겼다. "나는 그 눈빛을 이해했다고 생각했어. 그 무엇으로도 그 눈빛을 잊을 수 없을 거야. 나는 그 눈빛을 내 마음에 새겼단다. 그날부터 나는 하느님이 데려가신 너희들의 엄마를 대신하려고 노력했어." 데레사는 엄마 젤리의 눈빛에 대해 이렇게 썼다.

나는 엄마의 미소가 좋았어요.
엄마의 깊은 눈빛은 이렇게 말하는 것 같았어요.
"나를 기쁘게 하고 나를 사로잡는 것은 영원한 생명이야…….
나는 푸르른 하늘나라로 갈 거야.
하느님을 보러 갈 거야!"

8월 27일에서 28일로 넘어가던 밤 12시 30분이었다. 루이와 이지도르가 지켜보는 가운데 젤리는 서서히 눈을 감았다. 젤리가 글로 남긴 마지막 말은 다음과 같았다. "성모님이 나를 치유해 주시지 않는 것은 내 시간이 다하였기 때문이고 선하신 하느님이 내가 지상이 아닌 다른 곳에서 쉬기를 바라시기 때문이야……."

하느님과 가족에게 헌신했던 젤리는 고된 노동과 기쁨, 고통의 삶을 마친 후 안식처로 돌아갔다. 그리고 그토록 애도하던 아기 천사 네 명을 다시 만났다. 젤리가 세상을 떠났다는 소식을 들은 젤리의 고해 신부는 "하늘나라에 성인이 한 명 더 늘었구나."라고 말했다. 피아트 신부가 말한 것처럼 가족들은 젤리의 유해 곁으로 모였다.

젤리는 마치 잠든 것 같았다. 46살의 해를 끝까지 살았으나, 사람들은 젤리가 너무 일찍 떠났다고 말했다. 고통이 새겨진 것 같은 몹시 수척한 얼굴은 운명을 다하였음에도 위엄과 젊음을 강렬하게 표출하고 있었다. 사람들은 이 세상을 초월한 듯한 고요함 속에서 묵상에 잠겼고 그 인상적인 분위기가 불이 밝혀진 소성당을 뒤덮었다. 루이 마르탱과 딸들은 고생 끝에 마침내 안식을 취하며 긴장이 풀어진 젤리의 얼굴을 차마 바라보지 못했다.

8월 29일, 젤리는 알랑송 노트르담 묘지에 안치되었다. 다섯 아이의 엄마였던 젤리 마르탱의 죽음은 이곳에서 복음의 빛을 밝히고 있다. "밀알 하나가 땅에 떨어져 죽지 않으면 한 알 그대로 남고, 죽으면 많은 열매를 맺는다."(요한 12,24)

마르탱 가족을 위한 은총과, 젤리가 돕게 될 많은 사람들을 위한 은총의 열매도 맺어질 것이다.

9장

루이의 봉헌

Louis and Zélie Martin

이지도르 부부는 루이에게 젤리의 마지막 계획을 들어 주어야 한다고 했다. 그것은 마르탱 가족이 리지외로 와서 자신들 곁에서 지내는 것이었다. 이지도르와 셀린에게도 딸 잔느와 마리가 있었다. 그러므로 이지도르 부부는 루이가 딸들을 교육하는 데 도움을 줄 수 있을 것이며, 함께 대가족을 이룰 수 있을 것이라고 말했다. 루이에게는 적지 않은 희생이었으나, 딸들을 위해 그러기로 동의했다. 알랑송에는 어머니, 친구들, 파비용, 지인들의 무덤, 그리고 추억이 있었다. 마리는 외삼촌 이지도르에게 쓴 편지에서 아빠의 희생을 잘 표현했다. "아빠는 저희를 위해서 할 수 있는 모든 희생을 하실 거예요. 저희를 행복하게 할 수만 있다면 아빠의 행복과 인생도 희생하실 거예요. 그 무엇 앞에서도 뒤로 물러나지 않으시고 한 순간도 주저하지 않으세요. 아빠는 그게 아빠의 의무라고 생각하시거든요. 저희들 모두에게 이롭다면 아빠는 그걸로 충분하다고 하세요." 이지도르는 마르탱 가족에게 이상적인 생활 터전을 찾아 주기 위하여 노력을 아끼지 않았다. 그는 자그마치 25곳의 집을 보러 다녔다. 1877년 9월 10일 이지도르는 자신의 약국에서 764걸음 떨어진 곳에(이지도르가 직접 세어 보았다!) 있는 예쁜 집 한 채를 발견하게 된다. 나중에 마르탱 집안 딸들은 이 집에 작은 수풀이라는 뜻의 '뷔소네'라는 이름을 지어 주었다. 이 아담하고 예쁜 중산층 집에는 큰 정원이 있었다. 이 정원은 슬픔에 잠긴 가족에게 포근한 둥지가 되어 주었다.

딸들은 노트르담 묘지에 잠든 젤리에게 작별 인사를 했다. 그리고 11월 15일, 이지도르 부부의 도움을 받아 리지외에 정착했다. 루이는 사업을 정리해야 했으므로 알랑송에 몇 주 더 머물렀다. 그때 루이는 몇 가지 조언을 담아 딸들에게 편지를 썼다. "아빠는 너희를 사랑하는 만큼 너희 모두를 아빠 가슴에 새겼단다. 그리고 성스러운 너희 엄마에게 너희를 맡긴다." 가족의 죽음이라는 시련 속에서도 굳은 희망은 다시 한번 식구들을 지탱해 주었다. 그들은 젤리가 그들 곁에 머물며 자신들을 보살펴 줄 것이라 믿었다. 모두 젤리를 몹시 그리워했다. 루이는 단 며칠도 아내와 떨어지기 싫어했던 사람이었다. 그런 루이에게 아내와의 사별은 고통 그 자체였을 것이다. 아이들이 받은 상처도 이에 못지않았다. 하지만 젤리의 예상대로 마르탱 가족은 빠르게 새로운 안정을 되찾아 갔다. 레오니와 셀린은 젤리를 대신할 '엄마'로 마리를 선택했고, 데레사는 폴린을 택했다. 18살이었던 마리는 엄마를 본보기 삼아 성모 마리아 방문 수녀회에서 경험한 교육법을 따랐다. 그러면서 집의 안주인이자 어린 동생들의 교육자로서의 역할을 용감하게 이어받았다. 뷔소네에서 새로운 삶이 피어나고 있었다. 딸들의 표현에 따르면 루이는 딸들의 '사랑하는 임금님'이었다. 가족의 죽음을 경험한 마르탱 가족은 더욱 돈독해져서 식구들끼리 있을 수 있음에 감사드렸다.

고독을 즐기는 루이의 성향은 아내를 잃게 되면서 더 강해졌다. 루이는 리지외 사람들의 사교 생활에 들어갈 노력은 하지 않았고, 3개월에 한 번씩 알랑송에 가는 것으로 만족했다. 거기서 친구들을 만났으며 아이들의 유모로 일했던 로즈 타이예의 집에서 행복한 노년을 보내던 어머니를 만났다. 또 세상을 떠난 사랑하는 지인들의 무덤에 가서 기도도 드렸다. 딸들도 사교 생활에는 거의 관심이 없었기 때문에 마르탱 사람들은 외삼촌 가족 외에는 사람들을 잘 만나러 다니지 않았다. 마르탱 식구들은 오직 하느님을 중심에 두었다. 모든 식구가 매일 아침 미사에 갔으며, 식사 시간과 밤에는 루이가 이끄는대로 가족 기도를 바쳤다. 데레사는 "성인들이 어떻게 기도하는지는 아빠를 보면 알 수 있었습니다."라고 썼다. 묵상에 잠겼을 때 루이의 영혼은 은총에 깊게 사로잡혔고 때때로 눈물을 주체할 수 없었다. 루이는 마리에게 동생들을 위해 교리를 가르치는 일을 맡겼다. 하지만 루이의 행동을 본보기 삼아 딸들이 교화되는 일도 자주 있었다. 만물에서 하느님의 자애로우심을 알아본 루이는 자신이 느낀 경이로움과 감사함을 주변 사람들에게 전했다. 데레사는 루이가 자주 되뇌던 "관대함에 있어서는 누구도 선하신 하느님을 절대 능가하지 못한다." 또는 "주님, 저희의 신앙을 키워 주소서."같은 문장을 언니들과 되새기는 걸 좋아했다.

    루이는 제일 윗방을 파비용을 대신할 작은 기도방 겸 서재로 꾸미고 전망대, 정자라는 뜻의 '벨베데르'라고 불렀다. 루이는 그 방에서 기도를 드리거나 독서를 하면서 오랫동안 시간을 보냈다. 루이가 기도 중에 사랑하는 아내 젤리를 만난다는 것을 의심하는 사람은 아무도 없었다. 1885년에 루이는 "너희 엄마 생각이 떠나지 않는구나."라고 속내를 털어놓았다. 이를 보면 두 사람의 관계에는 죽음을 넘어서까지 지속되는 힘이 있다고 상상할 수 있다.

　마리처럼 루이도 아이들의 교육을 위해 젤리에게 도움을 청했다. 마리는 자신이 젤리 같은 엄마를 대체할 수 없음을 알았기에 겸허하게 기도했다. "미약한 제 노력보다 엄마의 가호에 더 기대를 걸고 있습니다." 이 기도는 특히 레오니에게 결실을 거두었다. 마리가 이런 편지를 쓰게 되는 날도 왔다. "얼마 전부터 레오니가 달라지고 있어요. 아버지는 느끼지 못하셨나요? 외삼촌과 외숙모도 이미 알아차리셨어요. 저는 사랑하는 어머니께서 저희에게 이 은총을 구해 주신 거라고 확신해요. 레오니가 언젠가는 가족에게 위안을 줄 거라고 굳게 믿어요."

　루이는 아빠의 권위에 엄마의 다정함을 더했다. 셀린은 이렇게 말했다. "우리를 생각하는 아버지의 마음은 정말 따뜻했어요. 우리를 위해서만 사셨거든요. 어떤 어머니의 마음도 우리 아버지를 능가하지 못할 거예요. 아버지는 결점이 없었어요." 일상적인 집안 살림은 마리가 도맡았지만 일을 주도하고 전체적인 방향을 잡는 사람은 루이였다. 루이는 집은 잘 관리하되 간소함을 기본 정신으로 삼아야 한다고 생각했다. 이는 알랑송 시절부터 간직해 온 가치였다. 식구들은 그런 집에서 살며 간소하게 먹었다. 루이는 낭비나 불필요한 소비를 용인하지 않았다. 딸들의 성장에 필요한 장난감, 책, 동물, 그리고 집안의 예술가였던 폴린과 셀린을 위한 미술 용품에 신경을 썼지만 투정은 들어주지 않았다. 나태함도 허락되지 않았다. 루이는 딸들을 교육하고 재산을 관리하며 정원, 새 사육장, 가금류 사육장을 가꾸었으며 자선 활동을 했다. 루이는 빈첸시오 아 바오로회 활동을 했고, 이웃 수도원의 재정 관리에 도움을 주기도 하였다. 또한 월요일마다 시간을 내어 가난한 사람들을 집에 초대했다. 딸들은 그림을 그리고 바느질을 했으며 집을 관리하고 공부를 하며 일과를 보냈다. 레오니, 셀린, 데레사와 헤어질 수 없었던 루이는 딸들을 기숙 학교에 보내는 대신 수도원의 반기숙 학교에 등록시켰다. 이곳은 베네딕도회 수사들이 운영하는 리지외의 명문 학교였다. 루이는 딸들을 데리러 학교에 자주 갔다. 그리고 하루를 어떻게 보냈는지 이야기하는 딸들의 말을 주의 깊게 들으며 선생님의 권위를 존중해야 한다고 가르쳤다. 또한 새로운 가사 도우미 빅투아르도 존중해야 한다고 말해 주었다. 훗날 빅투아르는 마르탱 가족의 집이 정말로 작은 수도원 같았다고 말했다. 깊은 신앙과 사랑이 이 가족을 감싸고 있었다.

    활기찬 5명의 어린 딸들과 선한 아버지 사이에는 즐거운 분위기가 넘쳐흘렀다. 데레사가 남긴 장문의 글을 보면, 루이와 딸들이 뷔소네에서 저녁 시간과 일요일을 어떻게 보냈는지 알 수 있다. 매일 저녁 루이는 신부이자 사회자로 변신했다. 루이는 해설을 덧붙이며 영성에 관한 구절을 읽어 주었다. 구절은 대부분 돔 게랑제의 《전례력 L'Année liturgique》에서 발췌하였다. 그 뒤에는 아름다운 목소리로 자신의 많은 레퍼토리에서 고르고 고른 노래를 불러 주거나 재미있는 흉내를 낼 준비에 들어갔다. 데레사는 아빠 루이의 무릎에 앉아서 이를 즐겼다. 그리고 나중에 가르멜회에 가서는 아빠에게 물려받은 이 유산을 잘 활용했다. 그다음 순서는 게임 시간이었다. 루이는 웬만해서는 지지 않는 뛰어난 체스 선수였다. 마지막으로 식구들은 그날 하루를 감사드리기 위해 성모상 주위로 모였다. 일요일에 미사를 드린 후에는 언제나 산책을 했다. 루이는 자연에 대한 지식을 딸들과 나누거나, 낚시를 즐겼다. 생루이 축제는 뷔소네에서도 축제였다. 축제 날에는 집을 꽃과 화환으로 장식했으며 다섯 딸은 아빠를 깜짝 놀라게 하려고 벨베데르로 살금살금 올라갔다. 데레사는 짧은 축사를 했다. 그중 하나가 보존되었는데 자신들의 '임금님'에 대한 마르탱 집안 딸들의 사랑이 잘 나타난다.

저는 커 가면서 당신의 영혼을 보아요.
당신의 영혼은 하느님과 사랑으로 가득 차 있어요.
축복받은 이 본보기가 저를 불타오르게 해요.
저도 제 차례가 오면 당신을 따라하고 싶어요.

저는 이 땅에서 이런 사람이 되고 싶어요.
당신의 기쁨, 당신의 위로가 되고 싶어요.
사랑하는 아빠, 저는 당신을 따라하고 싶어요.
아빠는 정말로 다정하고 따뜻하고 착해요.

그 이후에는 축제를 위한 성대한 가족 식사가 이어졌다. 루이는 딸들에게 넓은 세상을 보여 주고 싶어서 파리, 도빌, 트루빌 등으로 여행을 떠났다. 아이들은 트루빌에서 이지도르 가족과 아름다운 휴가를 보냈으며, 아브르 대 전시회에도 갔다. 젤리가 항상 바랐던 대로 마르탱 가족은 평화롭고 행복한 순간을 보내고 있었다.

젤리가 그랬던 것처럼 루이도 아이들의 미래에 대해서는 전적인 자유를 주었다. 그렇지만 가족의 분위기는 성소의 싹을 틔우기에 좋았다. 마르탱 집안 딸들은 마음속에서 하느님께 봉헌하라는 부르심을 들었다. 루이는 딸들의 길에 버팀목이 되어 주었지만 이는 고통스러운 일이기도 했다. 둥지를 떠나 날아가기를 원했던 첫 번째 딸은 젤리가 예상했듯이 폴린이었다. 성모 마리아 방문 수녀회의 수도자였던 이모 마리 도지테의 모습은 폴린에게 깊이 남아 있었다. 또 폴린은 이모가 성소를 확인시켜 주는 신비로운 꿈을 꾸었다. 엄마가 세상을 떠난 후 폴린은 가족의 상황을 고려하여 식구들 곁에 머물렀다. 그리고 셀린과 데레사를 교육하는 마리를 돕기로 했다. 하지만 부르심은 점점 강렬해졌고, 1881년 말, 20살이 되던 해에 폴린은 르망의 성모 마리아 방문 수녀회에 연락을 했다. 모든 것이 그 수도원으로 폴린을 이끄는 것 같았다. 하지만 1882년 2월 16일, 가르멜산의 성모상에서 멀지 않은 곳에서 미사를 드리던 폴린은 어떠한 확신에 사로잡혔다. 주님께서 가르멜회로 자신을 부르신다는 확신이었다. 리지외에는 그 무렵에 창설된 가르멜회가 있었는데, 폴린도 기도를 드리러 아버지와 함께 가끔 가고는 했다.

  감동에 젖은 폴린이 루이를 찾았을 때, 그는 벨베데르에서 쉬고 있었다. 루이는 폴린의 고백을 진심으로 따뜻하게 받아들이면서 현실적인 질문 한 가지만을 던졌다. 폴린의 허약한 체력이 가르멜회의 엄격한 금욕을 견딜 수 있을까? 폴린의 단호한 결심 앞에서 루이는 더는 반대하지 않고 축복해 주었다. 아버지로서 루이의 마음은 반반이었다. 하느님께서 자신의 딸을 부르셨다니 마음속 깊이 행복했다. 이것은 기쁨이자 영광이었다. 루이는 주님이 딸을 행복하게 해 주실 것이라고 믿었다. 하지만 다른 한편으로는 이별을 좋아하지 않는 루이에게 이 이별은 큰 고통이었다.

그날 오후, 루이는 계단에서 폴린을 마주치자 자신의 심정을 솔직하게 털어 놓았다. "사랑하는 폴린, 아빠는 네 행복을 위해서 네가 가르멜회에 들어가는 것을 허락하마. 하지만 여기에 아빠의 희생이 뒤따르지 않는 것은 아니란다. 아빠는 너를 아주 많이 사랑하거든!" 마르탱 집안 딸들은 모두 루이를 통해 이 시대의 아브라함의 모습을 보았다고 생각했다.

1882년 10월 2일, 루이는 하느님께 자신의 아이를 봉헌하려고 처음으로 가르멜산에 올랐다. 루이는 마음속 깊이 고통을 느꼈고, 폴린과 헤어지며 이렇게 말했다. "이제 다시는 너를 보지 못하는 걸까?" 당시만 해도 가르멜 수도원은 창살로 방문객들과 수도자들 사이를 떨어트려 놓았다. 마르탱 가족들은 일주일에 한 번, 짧은 시간 동안 폴린을 만날 수 있었다. 면회실은 머지않아 루이에게 큰 행복을 주는 곳이 되었다. 딸을 만날 수 있어서기도 했지만 폴린이 가르멜의 선구자인 십자가의 요한 성인, 예수의 데레사 성녀에 대해 가르쳐 주었기 때문이었다. 겸손한 아버지는 딸에게 가르멜 기도의 길을 배웠다. 하느님을 목말라하던 루이의 영혼은 더 충만해졌다.

하지만 새로운 시련이 루이를 기다리고 있었다. 당시 10살이었던 데레사가 두 번째 엄마였던 폴린을 잃게 되면서 심리적으로 큰 충격을 받은 것이다. 결국 데레사는 1883년 3월 큰 병에 걸리고 말았다. 의사도 손쓸 도리가 없음을 알게 된 루이는 자신의 어린 여왕이 병으로 스러져 가는 모습을 지켜볼 수밖에 없었다. 데레사는 이제 아빠도 알아보지 못했다. 어느 날은 아빠를 보고 공포에 질려 비명을 지르는 바람에 루이는 눈물을 흘리며 데레사의 방에서 나가야 했다.

루이의 표현을 빌리자면 루이는 데레사를 구하기 위해 하늘나라로 '돌격'했다. 루이는 특히 노트르담 데 빅투아르 대성당에서 9일 기도를 바쳤다. 9일 기도를 드리는 동안 성령 강림 대축일이 있었다. 그리고 그날 마르탱 가족이 그토록 공경하던 성모상이 데레사에게 생생한 미소를 지어 보였고, 모든 아픔에서 벗어나게 해 주었다. 루이는 무한한 행복을 느끼며 친구에게 이렇게 썼다. "우리 작은 여왕 데레사가(나는 데레사를 이렇게 불러. 장담하건대 데레사는 정말 좋은 싹을 지녔거든!) 완전히 나았다고 말할 수 있을 것 같아. 수없이 기도드리며 하늘나라로 돌격했더니 너무나 선하신 하느님께서 진짜로 항복하고 싶어 하신 거야."

이 시기에 마리는 예수회의 유명 설교자였던 피숑 신부와 친분을 맺었다. 피숑 신부는 마르탱 가족 모두의 영적인 조언자가 되었다. 첫째 딸 마리는 자신의 길을 식별하는 데 어려움을 겪었지만, 마침내 가르멜회로 향했다. 하지만 그전에 마리는 아빠 루이의 꿈 가운데 하나였던 팔레스티나 성지 순례를 실현시켜 주었다. 62세였던 루이는 길 위의 모험을 두려워하지 않았다. 안타깝게도 팔레스티나 성지까지 갈 수는 없었지만 루이는 친구 신부 한 명과 함께 한 달 반 동안 독일 뮌헨, 오스트리아 빈, 터키 이스탄불, 그리스 아테네, 이탈리아 나폴리와 로마를 방문했다. 모든 경이로움을 목격하면서 루이의 영혼은 감사함으로 가득 찼다. 루이는 딸들에게 이렇게 썼다. "내 앞에 펼쳐진 장대함과 아름다움을 감탄하며 받은 모든 느낌을 너희에게 그대로 전할 수 있다면 좋을 텐데! 오 하느님! 당신의 작품은 얼마나 감탄을 자아내는지요! …… 나는 기꺼이 외쳤어. 지나치십니다. 주님, 당신은 저에게 지나치게 선하십니다! ……" 특히 그리스도인 루이의 마음을 감동시킨 곳은 로마였다. "내가 본 것은 모두 화려하지만 여전히 지상의 아름다움일 뿐이야. 하느님 안에 있는 무한한 아름다움을 보지 않는한, 우리 마음은 그 무엇으로도 충족되지 않아. 가족과 재회의 즐거움을 맛볼 날이 머지않았구나. 이 아름다움이 우리를 더 가깝게 해 준단다." 루이는 식구들에게 들려 줄 새로운 이야기들을 가지고 행복하게 가족의 품으로 돌아왔다.

루이의 삶은 딸들의 애정에 둘러싸여 뷔소네 영지의 사랑받는 임금님으로 끝났을 수도 있었다. 하지만 하느님께서는 더 원대한 계획을 가지고 계셨다. 하느님께서는 아브라함에게 자신의 아들 이사악을 번제물로 바칠 것을 이야기하셨는데, 아브라함은 기꺼이 아들을 바치려 했다. 이처럼 모든 딸을 하느님께 바쳤던 루이 마르탱의 모습에서도 아브라함의 이야기를 떠올리게 될 것이다.

1886년, 마리는 가르멜회에 입회해 폴린과 함께하기로 하였다. 마리는 루이가 항상 각별히 사랑하던 딸이자 루이의 '다이아몬드'였다. 루이는 이번에는 고통을 감추지 못했다. 마리는 이렇게 이야기했다.

아버지는 제 결심을 들으시면서 한숨을 쉬셨어요! 아버지는 제가 그런 고백을 할 거라고는 생각도 못하셨지요. 제가 수녀가 되고 싶어 한다고 짐작할 만한 일은 전혀 없었거든요. 아버지는 마치 오열과도 같은 흐느낌을 참으시면서 저에게 말씀하셨어요. "아!…… 아!…… 하지만……. 네가 없다면!" 아버지는 말을 잇지 못하셨어요. 저는 아버지가 약해지지 않도록 단호하게 대답했어요. "셀린도 저를 대신할 만큼 제법 자랐어요. 알게 되실 거예요, 아버지. 다 잘 될 거예요." 그러자 우리 작고 불쌍한 아버지가 말씀하셨어요. "선하신 하느님께서는 나에게 이렇게 큰 희생은 요구하실 수 없어! 나는 네가 절대로 나를 떠나지 않을 거라고 믿었다!" 아버지는 감정을 드러내지 않으시려고 저를 안아 주셨어요.

충격은 머지않아 배가 되었다. 마리가 알랑송으로 작별 여행을 떠난 사이, 레오니가 아무에게도 알리지 않고 클라라회에 입회한 것이다. 식구들은 충격을 받았다. 그러나 고귀한 영혼의 소유자였던 루이는 레오니를 감싸 주었다. 사실 루이는 레오니가 엄격한 클라라회 규율을 분명히 버티지 못할 것이라고 짐작하고 있었다. 그럼에도 불구하고 레오니를 지지했다. 한 달 후, 쓰라린 실패를 겪고 돌아 온 레오니를 다독이려고 할 수 있는 한 모든 노력을 다했다. 루이는 젤리의 도움으로 레오니도 수도원에 입회할 것이라 굳게 믿었다.

예수의 데레사 성녀 축일이던 1886년 10월 15일, 루이는 마리를 가르멜회로 데려갔다. 뷔소네에서는 17살이던 셀린이 큰 언니 마리의 역할을 이어받았다. 아직 13살이던 데레사는 언니들을 따라가고 싶어 애를 태웠다. 데레사는 1886년 성탄절에 '완전한 회심'의 은총을 입으며 유년 시절에서 완전히 벗어났고 더는 때를 기다리지 않겠다고 결심했다. 그리고 1887년 성령 강림 대축일에 데레사는 루이에게 자신의 계획을 밝혔다. 데레사는 루이가 이 소식을 정말로 신중하게 받아들였다고 말했다.

저는 눈물을 흘리며 가르멜에 들어가고 싶은 소망을 고백했고, 들으시던 아빠도 함께 우셨습니다. 그렇지만 그분은 주님의 성소를 따르지 못하게 하는 말씀은 한마디도 안 하시고, 다만 그렇게 중대한 결정을 내리기에는 나이가 너무 어리다고만 말씀하셨습니다. 그러나 제 사정을 잘 말씀드리니까, 곧고 소박하신 성격의 아빠는 즉시 제 소원이 자신의 것과 같음을 아시고 하느님께서 당신 아이들을 요구하심으로써 큰 행복을 주셨다고 깊은 신심으로 말씀하셨습니다. 그렇게 오랫동안 거닐었는데, 다정한 아빠가 고백을 기쁘게 받아들여 주셨으므로 제 마음은 가벼워져서, 아빠에게 모든 것을 털어놓았습니다. 그분은 희생을 통해 얻는 잔잔한 기쁨을 즐기시는 듯, 제게 성인처럼 말씀하셨습니다.

가르멜회 총장 신부는 데레사가 너무 어려서 입회할 수 없다고 거절했지만, 루이는 딸을 돕기 위해 모든 수단을 강구하며 아버지로서의 헌신을 유감없이 보여 주었다. 그는 먼저 위고냉 주교를 찾아갔다. 주교는 대단히 놀랐다. "자신의 아이를 선하신 하느님께 바치려고 저렇게 열정적인 아버지나, 스스로를 봉헌하려는 아이는 한 번도 본 적이 없었다!" 루이는 하느님의 열의로 불타오른 나머지 자신의 고통에는 신경 쓰지 않았으며, 하느님 섭리의 완벽한 도구가 되었다. 루이의 지지가 없었다면 데레사는 21살이 되기 전에 가르멜에 입회하지 못했을 것이다. 그랬다면 데레사가 내딛었던 "장군의 걸음"은 어떻게 되었을까?

주저하는 주교 앞에서 루이와 데레사는 더 높은 곳을 향해 올라가기로 결심했다. 교황을 알현하기로 한 것이다. 그들은 셀린과 함께 로마로 가는 국가 순례단에 등록했다. 그때 레오니는 성모 마리아 방문 수녀회에 입회해 있었다. 여행 애호가였던 루이는 이탈리아와 영원의 도시인 로마의 아름다움을 딸들에게 보여 줄 기회가 생겼다는 생각에 대단히 만족했다. 루이는 이 순례에 열정적으로 임했다. 다른 순례자들은 묵상하는 루이의 모습과 크나큰 애덕에 깊은 인상을 받았다. 루이는 가장 좋은 자리를 다른 사람에게 양보했으며, 슬퍼하는 이웃 순례자의 근심을 덜어 주었고, 자신을 바리사이처럼 취급하는 순례자와 처음으로 악수를 할 기회를 가지기도 했다. 루이는 데레사가 옆에 있다는 행복을 만끽하면서 자신을 떠날 준비를 하고 있는 딸의 팔을 놓지 않았다. 루이는 이루 말할 수 없을 만큼 두 딸을 자랑스러워했으며 그 생각만으로도 행복했다. "순례단원 중에 저의 사랑하는 임금님보다 더 아름답거나 훌륭한 신사는 없었으니까요." 그리고 교황을 알현하는 날이 되었다. 데레사는 교황에게 예언 같은 말을 들었다. "하느님께서 원하신다면 정말 들어가게 될 거다." 사람들은 레오 13세 교황에게 루이를 소개하며, 두 딸이 가르멜회 수녀라고 말했다. 그러자 레오 13세 교황은 특별한 강복의 표시로 루이에게 손을 올리고 오랫동안 있었다. 이 얘기를 들은 마리는 루이에게 보내는 편지에 이렇게 썼다.

저는 교황 성하가 주신 강복의 향기에 가득 취해 있어요. 아! 교황 성하가 아버지를 각별히 바라보셨다는 것이 놀랍지 않아요. 이

지상에서 우리 주님을 대변하는 분이신 교황님은 아버지를 이해할 수 있도록 주님에게 계시를 받으셨을 거예요. 오, 공경하는 하느님 아버지! 교황님은 아버지의 하얀 머리칼과 노년을 축복하셨어요! …… 예수님이 직접 아버지를 축복하시고 바라보신 것 같아요! ……

마리보다 몇 살 더 어렸던 데레사는 여기서 더 많은 것을 보았다. 데레사는 교황이 루이에게 "하느님의 이름으로 '신비로운 표징'을" 새겨 주신다고 느꼈다. 루이는 데레사가 가르멜회에 입회하는 것이 실패하자 최선을 다해 위로했다. 마침내 1888년 1월 1일, 데레사는 가르멜회 입회 허가를 받았다. 루이는 이 기쁨을 함께 나눴다. 하지만 입회가 3개월 더 미뤄지자 루이는 데레사를 기쁘게 해 주기 위해 팔레스티나 성지에 데려가겠다고 했다. 4월 9일, 루이는 자신에게 가장 소중한 것을 하느님께 봉헌하기 위해 세 번째로 가르멜산을 올랐다. 데레사가 입회하기 직전, 루이는 무릎을 꿇고 눈물을 흘리며 마지막으로 축복해 주었다. 그다음 날 루이는 친구에게 이렇게 썼다. "나의 작은 여왕인 데레사가 어제 입회했어! 이런 희생을 요구하실 수 있는 분은 오로지 하느님뿐이지만, 그분께서 나를 크게 도와주시기에 눈물을 흘리는 와중에도 내 마음은 기쁨으로 넘쳐났어." 누가 루이에게 아브라함이 부럽지 않겠다고 말하면 그는 분명히 대답했다. "네, 하지만 고백하건대 나는 천사와 숫양이 나타나기를 기대하면서 내 양날검을 천천히 들어 올렸을 겁니다."(창세 22,13 참조) 셀린은 가르멜회에서 아버지의 영웅주의를 설명했고 폴린은 어머니 젤리의 대변인을 자처하며 이렇게 대답했다. "우리 선한 어머니는 저 위에서 아버지를 보고 미소 지으실 거예요. 아버지가 어머니의 소중한 배를 하늘나라를 향해 잘 이끄시는 모습을 보고 기뻐하실 거예요……."

성모 마리아 방문 수녀회에서 수도 생활을 시작한 레오니는 건강상 문제로 집에 돌아와 있었다. 하지만 루이는 레오니가 머지않아 수도원으로 다시 돌아가리라 믿었다. 이제 루이에게는 19살이던 셀린만이 남았다. 루이는 데레사가 떠나고 몇 달이 지난 후, 셀린에게 파리로 가서 미술 수업을 받는 것이 어떻겠냐고 제안했다. 셀린이 그림에 재능이 있음을 평소에 눈여겨보았던 것이다. 하지만 셀린은 가르멜회를 향한 부르심을 들었다고 고백했다. 루이는 곧바로 외쳤다.

이리 와라. 주님께서 우리 가족에게 은총을 베풀어 주시고 우리 집에서 배우자들을 선택하셨다니! 이처럼 나에게 영광을 주신다니 참으로 영광스러운 일이구나. 주님께 감사드리기 위해 성체 앞으로 같이 가자. 그래, 선하신 하느님이 나의 아이들을 모두 요구하시다니 너무나 큰 영광이야. 내게 더 좋은 것이 있었다면 서둘러 주님께 봉헌했을 거란다.

다가올 이별을 생각하면 고통스러웠지만 루이는 크게 기뻐했다. 루이는 이 시간 평화와 기쁨의 특별한 은총을 받았다. 루이는 창살 너머로 딸들의 따뜻한 사랑을 느꼈다. 루이는 이 세상을 뛰어넘은 기쁨 속에 살았고 딸들은 이 시기에 주님께서 변모하셨던 타보르산에 오른 듯했다. 하지만 데레사는 이렇게 썼다.

사랑에 빠져 사는 것은 지상에 있는 것이 아닙니다.
그의 천막을 타보르 정상에 고정시키는 것입니다.
예수님과 함께 고난에 오르는 것입니다.
십자가를 보물처럼 바라보는 것입니다!……

한편 마리는 십자가 위의 그리스도를 그린 성화에 기도문을 적어서 루이에게 주었다. 루이는 그 기도문을 즐겨 바쳤다. "여기에 모든 것을 희생하게 해 주소서. 제 순례의 마지막 날에 죽음이 저를 덮치면 제게서 십자가에 못 박히신 하느님의 모습을 발견할 수 있게 해 주소서." 딸들을 모두 하느님께 봉헌한 루이는 이제 스스로를 제물로 바치게 될 것이었다.

1887년 5월 1일, 루이가 64세가 되기 전이었다. 아침 7시 미사에 가려던 도중 갑작스럽게 중풍 증세가 나타났다. 왼쪽 전체가 둔해지고 말도 어눌해졌다. 동맥 경화로 인한 첫 번째 뇌손상이 나타난 것이다. 뇌손상은 차도와 악화를 반복하며 7년간 진행되었고 요독증까지 더해져 지능 기능의 손상으로 이어졌다. 하지만 이러한 몸 상태도 루이가 미사를 가는 것에는 걸림돌이 되지 않았다. 몇 년 전 젤리가 그랬던 것처럼 루이도 성당까지는 그럭저럭 간신히 도착했지만, 돌아올 때는 딸들에게 이렇게 말했다. "가엾은 우리 아이들아, 우리는 나뭇잎만큼이나 연약하구나. 우리도 나뭇잎처럼 저녁에는 멋진 모습이지만 아침이 되어 서리가 내리면 시들고 쇠약해지는구나."

소식을 들은 이지도르는 절대적으로 안정을 취하라고 조언했고, 루이의 귀 뒤에 거머리 12마리를 붙였다.* 루이는 그 모습을 보면서 "손님이 이렇게 많이 왔는데 잔칫상이 너무 작네."라는 말을 할 정도로 유머 감각을 잃지 않았다. 몇 달이 지났고 루이는 점점 더 피곤해 했다. 로마에서 순례를 하는 동안에는 가끔씩 너무 창백해져서 딸들을 걱정시켰다. 1888년 5월, 루이는 셀린이 성소의 뜻을 밝힌 후에 알랑송에 다녀왔다. 그리고 가르멜회 면회실에서 이렇게 말했다.

나는 노트르담 성당에서 정말 큰 은총과 위로를 받았단다. 그리고 이렇게 기도드렸지. '저의 하느님, 너무하십니다! 네, 저는 너무 행복합니다. 하지만 이렇게 하늘나라에 갈 수는 없습니다. 저도 하느님을 위해 무언가 고통을 겪고 싶습니다! 저는 제 자신을 봉헌했습니다……'

주목할 점은 루이가 삶의 터전이었던 알랑송에서 이러한 결심

---

*근대 치료법으로, 그 당시 사람들은 거머리를 여러 마리 붙여서 관자놀이에 붙이면 두통을 치료하고 피가 몰린 것을 해결하는 데 효과가 있다고 생각하였다. — 역주

을 했다는 것이다. 루이는 젤리를 본보기로 삼아, 스스로를 "하느님 마음에 드는 거룩한 산 제물"(로마 12,1)로 봉헌했다. 며칠 후, 리지외 대성당의 주임 신부가 본당 신자들에게 주 제단을 새로 짓는 데 1만 프랑이 필요하다고 호소했다. 1만 프랑은 마르탱 집안 딸 한 명의 지참금에 달하는 가치였다. 루이는 곧바로 그 금액을 봉헌했고, 당황해하는 주임 신부에게 비밀로 해 달라고만 했다. 이 일을 알게 된 이지도르는 루이의 행동이 지나쳤다고 생각하여 이의를 제기했다. 하지만 데레사는 이렇게 대답했다. "아버지는 선하신 하느님께 저희를 모두 드렸어요. 이제 저희와 아버지 자신을 제물로 바치기 위해 제단을 봉헌하는 것은 정말 당연한 거예요."

우리는 그리스도의 십자가로 구원받았다. '또 하나의 그리스도 *alter Christus*'가 되라는 소명을 받은 모든 그리스도인은 세상의 구원을 위해 십자가를 껴안으라는 부르심을 받았다. 그러므로 우리는 루이의 투병 생활에서 진정한 수난을 엿볼 수 있다. 그 수난이 맺은 모든 열매는 천상에서만 알아볼 수 있을 것이다.

1888년 5월 말이 되자마자 불안, 배뇨 장애, 기억력 저하, 시간 개념 상실의 증상이 나타나며 상태가 크게 악화되었다. 루이는 아끼던 앵무새가 모이를 먹지 못해 죽었다는 것을 알게 된 날, 자신의 상태가 나빠졌음을 불현듯 깨달았다. 딸들은 아버지의 상태를 들었고, 셀린은 오랜 시간이 걸릴지라도 필요한 기간 동안 아버지 곁에 남기로 결심했다. 루이는 평화 안에 머무르며 딸들에게 말했다. "내 걱정은 하나도 하지 마라, 얘들아. 나는 선하신 하느님의 친구잖니." 하느님께서는 루이를 위해서 항상 최선의 것만을 해주셨다. 루이는 이미 그것을 알고 있었기에, 하느님이 자신의 병을 낫게 해 주시리라고는 기대하지 않았다. 오히려 더 또렷한 의식을 가지고 희생을 감수했으며 그 결과를 받아들였다. 루이가 그렇게 한 이유가 있다. 어느 날 셀린은 루이에게 정신 질환을 앓는 남자에 대한 이야기를 했다. 루이는 그 얘기를 들으며 그렇게 큰 시련은 자신에게 일어나지 않을 것이라고 대답했다.

하지만 1888년 6월, 환각 증상이 처음 나타났다. 루이는 전쟁이 다시 시작되었고 딸들의 목숨이 위험하다고 믿었다. 은수자가 되겠다고 말하면서 집을 나가기까지 했다. 뒤이은 몇 달은 모두에게 악몽이었다. 가끔 정신이 맑아지면 루이는 죽음이 오기를 바랐으나 마지막은 언제나 "하느님의 가장 큰 영광을 위해서!"라는 문장을 되풀이하며 끝났다. 이 문장은 그가 정신을 차리지 못할 때 호칭 기도를 바치듯 되뇌던 문장이었다. 셀린은 이렇게 말했다. "선하신 아버지의 생각은 모조리 일그러졌지만 오로지 계속해서 하느님만을 섬기셨어요. 하느님께서는 아버지 인생에서 가장 중심에 계셨어요." 셀린은 아버지를 보며 가슴이 찢어질 듯 아팠고, 스스로 목숨을 끊고 싶을 만큼 고통스러워했다. 수녀원에 있는 딸들은 수도원에 있을 수밖에 없는 스스로의 무력함을 느끼고 절망했다. 모두 불행이 일어날까 노심초사하며 지냈다.

1889년 1월, 루이는 한결 나아져서 각별한 은총의 열매로 자신의 여왕 데레사의 착복식에 참석하는 기쁨을 나눌 수 있었다. 당시 관습에 따라 데레사는 루이의 인도를 받아 제대까지 갔다. 하지만 이날은 루이에게 주님 수난 성지 주일과 같은 날이 되었다. 한 달 뒤, 온 가족에게 수난이 시작되었던 것이다. 2월 12일, 루이의 정신 착란이 예전보다 더 심해졌다. 하지만 숭고한 신앙을 가졌던 데레사는 오히려 이날을 인생에서 가장 큰 은총을 받은 날 중 하루로 여기려고 애썼다. 루이는 혁명의 물결이 도시 초입에까지 밀려왔다고 생각하여, 권총을 집어 들고 딸들을 지키러 가겠다고 했다. 셀린과 레오니는 루이를 끝내 설득시키지 못했고 가혹한 이 상황을 바라볼 수밖에 없었다. 이지도르는 캉에 있는 봉 소뵈르 정신 병원에 루이를 입원시키자고 말했다. 셀린은 이렇게 이야기했다. "레오니와 저는 말문이 막혔어요. 하루 종일 침묵했지요. 우리는 무너졌고 산산조각 났던 거예요."

"늙어서는 네가 두 팔을 벌리면 다른 이들이 너에게 허리띠를 매어 주고서, 네가 원하지 않는 곳으로 데려갈 것이다."(요한 21,18) 이것이 바로 수난이었다. 두려움과 굴욕감이 더해졌다. 루이에 대한 소문이 온 도시와 가르멜회에 빠르게 퍼졌다. 그가 정신이 나간 것은 금욕 생활 때문이라거나, 매독에 걸렸다고 말하는 사람들도 있었다. 딸들이 아버지를 떠나는 바람에 고통을 주었으니 이 모든 것은 딸들 때문이라고 말하는 사람들도 있었다. 하지만 마르탱 집안 딸들의 마음을 무엇보다 무너지게 한 것은 사랑하는 그들의 임금님이 낯선 사람들의 손에 맡겨졌다는 사실이었다.

데레사가 말했던 생애의 '큰 시련'은 자신이 겪은 신앙의 암흑기가 아니라, 아버지 루이의 병을 말한 것이다. 데레사는 이 시련을 순수한 믿음을 가지는 발판으로 삼았다. 예전의 루이에게서 하느님의 자애로움을 발견했다면, 병마와 싸우는 얼굴에서는 모욕을 당한 그리스도의 얼굴을 보게 되었다. 루이의 수난을 통해 인간을 뜨겁게 사랑하시는 예수님의 수난을 발견하게 된 것이다. 데레사가 '아기 예수와 성면의 데레사'라는 수도명을 받은 것도 이 시기이다. 데레사는 이렇게 썼다. "예수님은 우리를 위해 사랑으로 타오르셨어. 사랑스러운 아버지의 얼굴을 바라봐! 아버지가 눈을 감고 고개를 숙이는 모습을 바라봐! 아버지의 상처를 바라봐. 아버지의 얼굴에서 예수님을 바라봐. 언니는 아버지가 얼마나 우리를 사랑하는지 알게 될 거야."

마르탱 집안 딸들은 성경 속 욥의 가족이 그랬던 것처럼 일종의 타격을 입었다고 생각했다. 하지만 데레사의 표현에 따르면 이것은 '사랑의 타격'이었다. 이 말에 모두 동의한 딸들은 가르멜 경당의 성면 그림 아래에 '하느님의 이름은 찬미받으소서'라고 쓰인 동판을 놓았다. 이 인용구는 욥기에서 가져왔다. "알몸으로 어머니 배에서 나온 이 몸 알몸으로 그리 돌아가리라. 주님께서 주셨다가 주님께서 가져가시니 주님의 이름은 찬미받으소서!"(욥 1,21) 루이의 수난이 맺은 첫 번째 열매는 딸들의 마음속에 자라난 비범한 신앙이었다. 그러한 신앙이 없었다면 우리가 아는 아기 예수의 데레사 성녀도 없었을 것이다.

그렇게 루이는 보호 시설에 있게 되었다. 자메 주교가 설립한 봉 소뵈르 정신 병원은 환자들을 가장 인간적으로 대하는 선구적인 병원으로, 이러한 소명을 가진 수녀들이 환자들을 돌보고 있었다. 주요 치료법은 규칙적인 생활 리듬을 철저히 유지하는 것과 꾸준하게 일을 하는 것이었다. 루이는 그곳에서 3년을 보냈다. 가끔씩 정신이 온전해지면 시련을 자각하고 받아들이며 성스럽게 여겼다. 코스타르 수녀는 각별한 친절함을 베풀며 루이를 보살폈다.

코스타르 수녀는 루이가 주변의 모든 환자들에게 소중한 사도가 될 수 있을 것이라고 말하며 반겼다. 그러면 루이는 대답했다. "맞아요. 하지만 저는 여기 말고 다른 곳에서 사도가 되고 싶어요. 그래도 이게 하느님의 뜻이겠지요! 하느님께서는 제 교만함이 무너지기를 바라시는 거예요." 루이는 의사에게는 이렇게 말했다. "항상 지시를 내리는 데 익숙했었는데 남의 말에 복종해야 하는 처지가 되니 힘겹네요. 하지만 선하신 하느님이 왜 이 시련을 주셨는지 알고 있어요. 저는 살면서 굴욕을 당한 적이 없었어요. 그러니 한 번은 굴욕도 필요했던 거예요."

루이는 동료 환자들의 사도가 되었다. 루이는 광기의 가면 너머에 있는 환자들의 마음을 헤아릴 줄 알았고, 그 마음을 회심하게 해야 함을 알았다. 병원에서는 루이에게 1인실에 머물 것을 제안했지만 루이는 더 가난한 이들과 있고 싶다며 거절했다. 루이는 딸들이 보내 준 달콤한 간식을 나눠 먹었으며, 하느님의 사랑을 끊임없이 전했다. 그리고 직원들까지도 교화시켰다. "그는 절대 불평하지 않았고 우리가 해 주는 것은 뭐든지 훌륭하다고 생각했다. 그리고 끊임없이 금욕 생활을 했다." 코스타르 수녀는 이렇게 썼다. 다른 간호사들처럼 코스타르 수녀도 루이의 다정함에 감동을 받았다. "그에게는 정말로 공경할 만한 무언가가 있어!"

물론 루이가 갑자기 초조해하거나 정신 착란을 일으키고 환각을 초래하는 망상에 빠질 때도 있었다. 그럴 때는 어쩔 수 없이 밖으로 나오지 못하게 해야 했다. 그중에서도 끔찍했던 순간은 법조인들이 루이를 찾아온 일이었다. 어디선가 착오가 있었는지, 법조인 두 명이 마르탱 집안 딸들이 보내서 왔다고 말하면서 재산을 포기하라고 종용했다. 루이는 "아! 우리 아이들이 나를 버리고 신뢰하지 않는구나!"라며 눈물을 쏟았다. 무엇도 이보다 더 쓰라릴 수 없었다. 다행히 매주 루이를 보러 오던 셀린과 레오니가 루이를 안심시켰다. 딸들의 면회, 가르멜회에서 오는 애정과 격려로 가득 찬 편지들은 위안이 되었다. 그래도 루이는 딸들에게 집착하지 않았다. 어느 날 루이는 레오니와 셀린이 외삼촌 이지도르의 집으로 휴가를 간다는 것을 알고 탄성을 질렀다. "정말 다행이에요! 아이들에게 푹 쉬다 오라고 전해 주세요. 착한 외삼촌이 이만큼 쉬었으면 충분하다고 생각할 때까지요. 아이들이 저 때문에 돌아오는 것은 원하지 않아요."

언제나 그랬듯이 기도가 루이의 큰 버팀목이 되어 주었다. 루이는 경당에 가장 열심히 오는 사람이었으며, 상태가 허락하는 한 자주 성체를 모셨다. 정신이 온전한 동안에는 하느님의 뜻을 식별했으며 오로지 그 뜻을 더 신성하게 살게 해 달라고 기도했다. 딸들은 루이의 치유를 위해 9일 기도를 같이 바치자고 제안했다. 하지만 루이는 "아니, 그럴 필요 없다. 단지 선하신 하느님의 뜻을 간청하자."라고 대답했다. 루이는 고통스러운 상황에서도 성덕을 향한 길을 용감하게 계속 걸어갔다. 셀린은 자매들에게 이렇게 썼다. "아버지 상태가 나빠지면 나빠질수록 아버지의 표정은 평화롭고 성스러워져. 정말 그래." 마지막 3년 동안 정신적으로나 신체적으로나 루이는 조금씩 약해졌다. 1892년 셀린은 루이를 이렇게 묘사했다. "아버지를 공격했던 이 시련 때문에 아버지는 다시 순한 어린이가 되셨어. 그래도 아직 완전히 어린 시절로 가신 건 아니야. 아버지는 어린이가 이해하지 못하고 느끼지 못하는 것들을 이해하고 느끼시거든. 아버지가 원하는 대로 표현할 수 없어서 고통스러워하시는 것도 보았어."

루이는 다리가 마비되어 마음대로 다니지 못했다. 그는 1892년 5월 10일에 퇴원했고, 이틀 후 가르멜회를 찾았다. 말은 하지 못했지만 딸들의 이야기는 모두 이해하는 것 같았다. 딸들이 루이에게 다음에 또 보자고 작별 인사를 하자 두 번째 손가락을 들고 "하늘에서!"라고 분명하게 발음하는 데 성공했다. 루이가 가족의 품으로 돌아온 것은 모두에게 시련을 달래 준 일이었다. 레오니와 셀린은 리지외의 외삼촌 집 근처에 작은 집을 빌려 루이를 1층에서 지내게 했다. 또한 가장 헌신적인 가사 도우미 데지레를 고용해 루이를 돌보게 했다. 이지도르 가족은 언제나 소중한 도움을 주며 모두를 보살폈다. 루이는 때때로 깊은 슬픔에 빠진 것 같았지만 가족에게는 항상 다정했다. 루이는 사람들에게 자신을 위해 기도해 달라고 부탁했고, 1893년, 폴린이 가르멜 수녀회 수도원장으로 뽑혔을 때는 기뻐했다. 신체 기능과 기억이 무너져 내리는 와중에도 루이의 다정함과 관조적인 영혼은 손상되지 않고 남아 있었다. 사람들의 도움을 받아 자연을 만끽하며 산책하는 것만큼 그를 행복하게 하는 것은 없었다. 루이는 이지도르 가족이 물려받은 외르에 위치한 뮈스 성에서 마지막 두 번의 여름을 보냈다. 셀린이 설명하는 다음 장면은 우리가 지난 날의 루이의 모습을 다시 만날 수 있도록 해 준다.

아버지의 아름다운 얼굴을 평생 기억할 거야. 저녁이 지나 밤이 되었고 숲속에 갔던 우리는 나이팅게일 소리를 들으려고 멈춰 섰어. 아버지는 소리에 귀를 기울이시며…… 눈으로 무언가를 표현하셨어! 마치 황홀감 같았고, 내가 모르는 아버지 고향의 무언가를 표정으로 나타내시는 것 같았어. 오랜 침묵의 순간이 지났고 우리는 계속해서 그 소리를 듣고 있었어. 나는 사랑하는 아버지의 뺨 위로 흐르는 눈물을 보았어.

1894년 7월 27일, 루이는 눈에 띄게 쇠약해졌고 28일에는 마지막 성사를 받았다. 29일 일요일 아침, 임종의 순간이 시작되었다. 간신히 숨을 내쉬는 루이는 의식이 없어 보였다. 하지만 8시를 조금 앞두고 셀린이 큰 소리로 "예수님, 성모님, 요셉이시여!"라고 간청하자 루이가 눈을 크게 뜨고 딸을 따뜻하게 바라보았다. 셀린은 그 순간을 절대 잊지 못했다. 이토록 생생한 루이의 눈빛 속에서 예전의 빛나던 자신의 임금님을 한순간 되찾았다고 느꼈다. 그리고 루이는 영원히 눈을 감았다. 그토록 신성하게 여기던 주님의 날인 일요일이 시작될 무렵, 그는 주님께로 돌아갔다.

"그리스도는 그러한 고난을 겪고서 자기의 영광 속에 들어가야 하는 것이 아니냐?"(루카 24,26)

루이의 영정 사진에서 있는 구절이다. 하늘나라는 절대 멀리 있지 않다. 데레사도 그렇다고 노래한다. "사랑하는 우리 아버지는 우리 가까이 계세요! 아버지는 우리를 기쁘게 해 주시려고 예전처럼 모든 방법을 동원하려고 노력하세요. 아버지가 돌아가신 지

5년이 지났지만 항상 똑같은 아버지를 다시 볼 수 있으니 정말 기뻐요!" 루이는 젤리와 세상을 떠난 다른 아이들을 만났다. 마지막으로 셀린이 1959년에 세상을 떠났다. 마침내 온 가족이 한자리에 모인 것이다. 하느님과 사랑에 빠진 자신의 가족에 대해 루이는 이런 글을 남겼다. "나는 선하신 하느님께 어서 감사드려야 해. 그리고 너희들도 그래야 해. 우리 가족은 정말 보잘것없지만 사랑하는 창조주께서는 우리를 선택하신 사람들 가운데 들게 하시며 영광스럽게 해 주셨어. 나는 그것을 느낄 수 있어."

맺음말

가장 평범한, 그러나 위대한 성인

Louis and Zélie Martin

하느님께서는 혼인 후 150년 뒤에야 루이와 젤리가 시복될 수 있도록 이끄셨다. 하지만 지인들은 생전에도 이 부부를 살아 있는 성인으로 여겼다. 딸들은 부모님을 '성스러운' 부모님이라고 말했으며, 젤리의 남동생 이지도르는 마르탱 부부 옆에 있을 때 스스로가 소인배 같다고 여겼다. 주변 이웃들, 친구들, 신부들, 수도자들도 이 부부의 성덕을 입을 모아 증언했다. 데레사는 부모님에 대해 자주 노래했다.

선하신 하느님께서는 지상보다 천상에 더 어울리는 아버지와 어머니를 저에게 주셨습니다.

신성한 조국을 올려다보아라.
너는 영광의 왕좌에 앉아 계신 분들을 보게 될 것이다.
사랑하는 아버지와……, 사랑하는 어머니…….
너의 무한한 행복을 그분들에게 드려라!

1925년 5월 17일 데레사의 시성식 날 저녁, 시복 안건 책임자였던 비코 추기경은 기뻐하며 말했다. "자. 이제 아빠한테 신경 써도 되냐고 로마에 요청하자!" 피아트 신부가 집필한 《어느 가족의 이야기 Histoire d'une famille》는 전 세계에서 10만 부 이상 팔렸다.

그때부터 가르멜과 바티칸에는 루이와 젤리를 향한 전 세계인들의 사랑을 입증하는 수천 통의 편지가 도착했다. 사람들은 편지에서 마르탱 부부의 전구를 통해 치유, 가족의 재결합, 회심, 지상에서의 은총과 영적인 은총을 입었다고 전했다. 루이와 젤리는 일을 쉬지 않았던 것이다! 몇 가지 사례를 소개하겠다. 1950년대 즈음, 미국에서 셀린에게 보낸 편지들이다.

마르탱 부부의 사진을 각각 천 장씩, 두 분의 시복을 위한 기도문과 함께 보내 주시면 정말 감사하겠습니다. 저희는 이곳에서 사진을 배포하고 시성 안건을 위해 노력할 수 있습니다. 저희는 두 분이 이곳에서 기적을 행하셨다고 생각합니다. 두 분은 희망 없는 불치병인 혈액암을 앓는 한 소녀를 치유해 주셨습니다. 저희가 두 분에게 9일 기도를 드렸더니 소녀의 병이 나은 것입니다. ― 미국 가르멜 수도원장

당신의 사랑하는 아버지께서는 이 대륙에서도 계속해서 애덕을 실천하십니다. 한 가지 사례만 말씀드리겠습니다. 지금은 세상을 떠난 델핀 수녀님이란 분이 계셨습니다. 어느 날 한 어머니가 델핀 수녀님을 찾아와 자신이 짊어져야 했던 무거운 십자가에 대해 조언을 구했습니다. 델핀 수녀님은 그 여성에게 말했습니다. "아기 예수의 데레사 성녀에게 기도하세요." 며칠 뒤 그 여성은 시카고 중앙에 있는 성 베드로 성당 앞을 지나가다 한 노인을 만났습니다. 노인은 이렇게 말했습니다. "불안한 일이 있으신가요? 이 성당에 들어가 보세요. 3시에 키 큰 신부님께서 고해성사를 주실 겁니다. 어서 가 보

세요. 고민을 말씀하시면 신부님께서 도와주실 거예요." 그 여성은 그 안으로 들어갔고 그 노인이 말했던 신부님을 발견했어요. 신부님은 그 여성을 완벽하게 위로해 주셨지요. 때마침 그 여성은 이모에게 《어느 영혼의 이야기 Hisotire d'une âme》를 선물받았어요……. 책을 훑어보던 그 여성은 마르탱 선생님의 사진을 보게 되었고 이모와 함께 얼마나 놀랐는지요. 그 여성은 탄성을 질렀어요. "성 베드로 성당 앞에서 만났던 그 사람이야. 나에게 조언을 해 주었던 사람이 이 남자야!" …… 저는 한 가지 사례만을 든 것입니다. 당신의 사랑하는 아버지께서는 아기 예수의 데레사 성녀와 함께 이 땅에서 선행을 행하고 계십니다. — 마리 스테파니 수녀, 미국

이혼할 처지에 놓였던 저는 아기 예수의 데레사 성녀의 부모님인 루이 마르탱과 젤리 마르탱에게 가정을 구할 수 있게 도와 달라고 기도했습니다. 두 분의 전구로 제 기도는 곧바로 이루어졌습니다. 이렇게 말할 수 있어서 정말 행복합니다. — 여성 J, 미국

마르탱 부부의 시복을 요청하는 청원서에는 수만 명이 서명했다. 사람들의 열기에 부응하기 위하여 리지외와 알랑송의 주교들

은 두 건의 시복 절차에 들어갔다. 또한 1957년부터 1960년 사이에 각 건의 예비 심사를 진행하였다. 그 후에 두 건은 단일 안건으로 통합되었다. 안건 청원인은 성가정의 시메옹 신부였다. 훗날 요한 23세 성인 교황이 된 안젤로 주세페 론칼리 추기경과 마리 페리에 여사는 마르탱 부부의 삶의 모든 부분을 다룬 2,000쪽이 넘는 의견서 〈포지시오Positio〉, 즉 심문 요항을 작성했다. 그들은 이를 위해 수년 동안 역사적인 작업과 심도 있는 고증을 했다. 바티칸에 부부의 안건이 함께 들어간 것은 처음이었다. 하지만 다른 여러 가지 일로 심사 절차가 지연되어, 1994년에서야 요한 바오로 2세 성인 교황이 루이 마르탱과 젤리 마르탱 부부를 가경자로 선포했다. 그리고 마르탱 부부의 영웅적 덕행에 대한 교령에 서명하였다.

교회는 어느 한 사람을 시복하거나 시성할 때에는 신중을 기하며 '기적 심사'를 거친다. 2001년 6월, 이탈리아의 한 가정에서 기적이 일어났다. 발테르 시칠리로와 아델 시칠리로 부부는 피에트로를 출산했다. 하지만 폐의 발육 부진으로 인하여 피에트로가 생명을 이어 가려면 인공호흡기의 도움을 받아야만 했다. 의사들은 피에트로의 상태를 절망적이라고 판단했다. 아이의 상태를 들은 마르탱 부부 안건의 청원자였던 가르멜회 안토니오 산갈리 신부는 루이와 젤리에게 청원을 드리라고 조언했다. 그러자 온 가족과 병원 직원들, 시칠리로 부부의 본당, 기도 모임에서 루이와 젤리에게 은총을 청했다. 머지않아 피에트로는 기적적으로 완치되었다. 이제 피에트로는 매력적인 청년이 되어 '천상의 부모님'에게 감사드리기 위하여 가족과 함께 리지외를 찾는다. 오랜 시간에 걸친 철저한 조사 끝에 교회는 이 치유를 마르탱 부부의 기적으로 인정하였다.

그리고 마르탱 부부의 혼인 150주년이 되는 날이었던 2008년 7월 13일, 다가오는 10월 18일에 마르탱 부부를 시복하겠다고 발표하였다. 시복식은 간소하면서도 장엄했다. 시복식은 전 세계에서 온 1만 5천 명의 사람들이 참석한 가운데 기쁨과 열기 속에 리지외에서 거행되었다. 필자 역시도 시복식에 참여했는데, 이날은 내가 경험했던 가장 아름다운 날 중 하루였다. 대성당은 다채로운 색과 조명으로 장식되었고, 성당을 가득 메운 사람들은 장내가 떠나갈 듯이 박수갈채를 보내며 큰 소리로 노래를 불렀다. 그 모습을 바라보니 루이와 젤리가 우리와 함께 감동에 겨워 놀라워할 것이라는 상상을 머릿속에서 지울 수가 없었다. 겸손한 부모이자 성실한 노동자였던 마르탱 부부는 천상의 교회는 말할 것도 없이 지상의 교회가 그들에게 이런 영광을 돌릴 거라고 살아생전에 상상할 수 있었을까? 특히 젤리는 눈이 휘둥그레졌을지도 모른다. 이것은 별다를 것 없는 우리 일상과 난관 속에도 어떠한 영광이 감춰져 있을 수도 있다고 우리에게 말해 준다.

"우리가 지금 겪는 일시적이고 가벼운 환난이 그지없이 크고 영원한 영광을 우리에게 마련해 줍니다."(2코린 4,17)

나는 이날 마르탱 부부에게 주어진 영광을 어렴풋이 바라보고, 그들이 드리는 감사함에 동참한 기분이었다. 이 영광은 하느님의 영광이나 다름없었다.

이때부터 리지외나 알랑송을 찾아 묵상을 하는 순례자들의 수는 계속해서 늘었다. 순례자들은 특히 가정 안에서 루이와 젤리의 존재를 느꼈다고 말했다. 질병이나 아이의 죽음으로 고통스러워하는 부모들은 마르탱 부부가 그들을 지지하고 있다는 것을 경험했다. 아이가 생기지 않았던 많은 부부들은 마르탱 부부의 전구에 의탁했다. 그리하여 수많은 어린 루이와 젤리가 세상에 태어났다. 많은 사람들에게 루이와 젤리는 수호성인이나 본보기 그 이상이었다. 루이와 젤리는 그들의 친구이자 부모였다. 루이와 젤리, 데레사를 비롯한 형제자매들은 사람들을 열렬히 환영하고 정성껏 대하며 가족의 일원으로 맞이하고 있다. 그러므로 어떤 면에서는 마르탱 가족은 계속 늘어나는 중이다. 리지외 성지와 알랑송 성지에는 이와 같은 경험담이 매일 들려온다. 하늘나라에서도 정말 아름다운 이 이야기들을 읽고 있을 것이다. 마르탱 부부는 모든 문제를 해결해 주지는 않지만 다음과 같이 말했던 딸 데레사와 이렇게 약속할 것이다. "제가 하늘나라에 가게 됐을 때 여러분의 입 안으로 구운 종달새를 떨어트려 줄 거라고는 생각하지 마세요……. 저도 그런 것은 받아 본 적도 없고 꿈꾼 적도 없어요. 여러분은 아마도 큰 시련을 겪을 거예요. 하지만 제가 빛을 보내 드릴게요. 여러분은 그 빛에 감사하고 그 빛을 사랑하게 될 거예요. 여러분은 저처럼 말하게 될 거예요. '주님께서 주신 모든 것이 저희를 기쁨으로 충만하게 해 주었습니다.'"

마르탱 부부의 영향력은 세계적으로 뻗어 나가고 있다. 2008년부터 110개국에서 온 순례자들이 알랑송을 찾는다. 브라질의 중요한 신생 공동체 사그라다 파밀리아처럼 마르탱 부부를 수호자로 삼는 곳도 있다. 마르탱 부부의 유해는 끊임없이 여행 중이다. 2014년 로마에서 가족에 관한 대의원회의 때 마르탱 부부의 유해가 함께하며 그 자리의 의미를 더했다. 그러므로 루이와 젤리의 시성은 자연스러운 수순이었다. 시복이 지역 교회에 복자를 공경하라고 제안하는 것이라면(그래서 시복식은 일반적으로 교구 내에서 열린다.) 시성은 보편 교회에 제안하는 것이다. 이때도 기적이 필요하다.

2008년 10월 15일, 스페인 발렌시아에서 카르멘이라는 아기가 조산아로 태어났다. 곧바로 여러 합병증이 생겼고 심각한 뇌출혈까지 일어났다. 카르멘의 아빠는 근처의 가르멜회에 기도를 부탁했다. 11월 23일, 카르멘의 상태가 절망적으로 보이자 가르멜 수도원장은 카르멘의 부모에게 루이와 젤리에게 기도를 바치자고 했다. 다음 날, 놀랍게도 카르멘은 호전되기 시작했고 2009년 초에는 집으로 돌아갈 수 있었다. 하지만 뇌출혈은 계속되었기에 참담한 결말이 올 수도 있었다. 가르멜 수녀들과 카르멘의 가족들은 다시 한번 기도 공세에 나섰고, 때마침 그 지역을 방문 중이던 루이와 젤리의 유해를 보러 갔다. 2월 19일 검사 결과, 출혈은 사라졌고 신경과 운동 능력에 어떠한 후유증도 나타지 않았다. 카르멘은 지금 아주 건강하다. 2015년 3월 18일 이 사례가 기적으로 인정된 날, 카르멘의 부모는 이렇게 이야기했다.

루이 마르탱과 젤리 게랭 복자의 시성을 위해 저희 사례가 기적으로 인정되었다는 소식을 듣고 감동과 기쁨, 감사함으로 벅차올랐어요. 저희가 마르탱 부부에게 기도를 드리고 마르탱 부부가 주님에게 저희 딸의 치유를 전구한 이후부터 마르탱 부부는 저희에게 가족이나 마찬가지예요. 마르탱 부부는 아이들에 대한 사랑과 존중에 바탕을 둔 모범적인 가정을 이루었어요. 저희도 마르탱 부부 덕분에 저희 두 아이들에게 이 가치들을 보여 줄 수 있게 되었어요.

바오로 6세 성인 교황은 "두 사람을 시성한다면 함께 시성해야 한다."라고 말하면서 2건이었던 두 사람의 시복 안건을 1건으로 통합하는 데 앞장섰다. 교황의 이러한 행보는 강렬하면서도 혁신적이었다. 교회가 부부의 성덕을 함께 인정할 것을 제안한 적은 없었기 때문이다. 2015년 10월 18일, 가족에 관한 대의원회의 중에 교회는 교회 역사상 최초로 이들을 한 부부로서 시성하며 강력한 메시지를 보냈다. 교회는 혼인과 가정에 대한 하느님의 계획은 온전히 아름다운 것임을 보여 주었다. 우리는 성덕이란 봉헌 생활자나 비범한 이들에게만 해당된다는 생각을 하곤 한다. 그러나 루이와 젤리의 시성은 하느님과 함께하는 평범한 삶도 값진 열매를 맺을 수 있다고 강조한다. 또한 가족이란 강렬한 사랑의 장으로, 하느님의 사랑을 가족 공동체 안에서 증명할 수 있음을 전 세계에 보여 준다.

일상에서 그리고 삶의 마지막 순간까지 순수하게 가족을 사랑하며 살았던 루이와 젤리는 딸 데레사처럼 지상으로 선행을 행하며 우리가 겪는 어려움을 어루만져 주고 있다. 여러분도 마르탱 부부에게 의탁하면서 이를 경험해 보기를 바란다. 내 말을 믿어 주길. 후회하지 않을 것이다!

참고 문헌

루이 마르탱, 젤리 마르탱

《가족 편지 *Correspondance familiale*, 1863~1885》, Éd. du Cerf, 2004.

스테판 조제프 피아트 신부

《어느 가족의 이야기》, Téqui, 1997.

아기 예수의 데레사 성녀가 쓴 편지들

아기 예수의 데레사 성녀가 쓴 시들

조연희

동덕여자대학교 프랑스어과와 한국외국어대학교 통번역대학원 한불과를 졸업하고, 전문 통번역사로 활동하고 있다. 역서로는 《거꾸로 자라는 나무》, 《가시를 빼내시는 성모님》, 《엄마와 춤을 추다》가 있다.